휘 게
라 이 프
편안하게
함   께
따뜻하게

Hygge. hygge is a Danish word for which there is no English translation. The closest we can get is 'cosy' but *hygge* also means having a good time and fun in cosy surroundings. The concept of *hygge* is fundamental to the comfortable home and translates, in decor terms, into: a dominant fireplace and a comfy spot in all corners.

Hygge Life

덴 마 크 행 복 의 원 천

휘게 라이프, 편안하게 함께 따뜻하게

마이크 비킹 지음 . 정여진 옮김

위즈덤하우스

'휘게'는 설명하는 게 아니라,
그저 느끼는 것이다

후가(Hooga)? 휴거(Hhyooguh)? 후그(Heurgh)?

'휘게(hygge)'를 어떻게 발음하든, 심지어는 철자를 어떻게 표기하든 그런 건 중요하지 않다. 우리 시대 최고의 철학자 곰돌이 푸가 말했듯 감정은 "설명하는 게 아니라 느끼는 거"니까.

그래도 '휘게'를 쓰거나 발음하는 일은 차라리 쉬운 축에 속한다. 그게 정확히 무엇인지 설명하는 일이야말로 정말 까다롭다. 지금까지 '휘게'는 여러 방식으로 설명되어 왔다. '친밀감을 자아내는 예술', '마음의 안락함', '짜증스러운 일이 없는 상태', '마음을 편안하게 해주는 것들을 즐기는 일' 등……. 나는 그중에서도 '촛불 곁에서 마시는 핫초콜릿 한 잔'이라는 비유를 좋아한다.

'휘게'는 사물에 관한 것이라기보다는 어떤 정취나 경험과 관련되어 있다. 특히 사랑하는 사람들과 함께 있는 느낌과 관련이 있다. 집에 머무는 느낌, 안전한 느낌, 세상으로부터 보호받는 느낌, 그래서 긴장

을 풀어도 될 것 같은 그런 느낌 말이다. 이때 우리는 삶의 크고 작은 일들에 대해 끝없이 대화를 이어가거나, 서로 아무 말 없이 안온한 기분에 휩싸이거나, 아니면 혼자서 조용히 차 한 잔을 음미하게 된다.

크리스마스를 눈앞에 둔 어느 12월, 나는 친구 몇 명과 어느 오래된 통나무집에서 주말을 함께 보낸 적이 있다. 1년 중 해가 가장 짧았던 그날은 소복이 쌓인 새하얀 눈으로 세상이 온통 환하게 반짝였다. 오후 4시쯤 되어 해가 졌고, 우리는 그 후 무려 17시간 동안 그 반짝이는 세상을 볼 수 없을 것이었으므로, 통나무집 안으로 들어가 불을 지폈다.

산행 후 피곤했던 우리는 하나같이 두툼한 스웨터를 걸치고 모직 양말을 신은 채 벽난로 주위에 둘러앉아 꾸벅꾸벅 졸고 있었다. 들리는 소리라고는 스튜가 보글보글 끓어오르는 소리와 벽난로에서 불똥이 타닥거리는 소리, 누군가 홀짝홀짝 따뜻하게 데운 멀드 와인을 들이켜는 소리뿐이었다. 그때 한 친구가 이렇게 운을 뗐다.

"과연 이보다 더 휘겔리할 수 있을까?"

"그럼," 잠시 후 한 친구가 말을 받았다. "만약 바깥에서 폭풍우가 세차게 휘몰아친다면 말이지."

우리 모두 고개를 끄덕였다.

행 복 의 비 결 ?

나는 세상에서 가장 좋은 직업을 가졌다. 내 직업은 무엇이 사람들을 행복하게 만드는지 연구하는 것이다. 행복, 안녕, 삶의 질에 대해 연구하는 민간 연구 기관인 행복연구소(Happiness Research Institute)에서 우리는 전 세계 시민들의 삶의 질 향상을 목표로 인간 행복의 원인과 그 효과에 대해 탐구한다.

우리 연구소는 덴마크에 있다. 우리는 평일 근무 시간에 사무실에 촛불을 켜둔다. 사무실을 덴마크에 두기로 결정한 이유 중 하나는 부분적으로 휘게의 이점 때문이었다. 비록 내가 휘게의 여러 요소 중 중요한 한 가지로 꼽는 벽난로는 아직 없지만 말이다. 우리가 연구소를 덴마크에 설립하고 활동하는 또 다른 이유는 바로 덴마크가 세계에서 가장 행복한 나라들 가운데 하나로 꼽힌다는 사실 때문이다. 덴마크는 이상향과는 거리가 멀 뿐더러, 다른 여느 나라들과 마찬가지로 이런저런 어려움과 난제 또한 끌어안고 있다. 하지만 국가가 시민의 삶의 질을 향상시키고자 할 때 활용 가능한 방법에 대해서라면 덴마크로부터 배울 점이 있다고 생각한다.

미디어는 세상에서 가장 행복한 나라 중 하나라는 덴마크의 위상에 큰 관심을 기울인다. 나는 〈뉴욕타임즈〉, 〈BBC〉, 〈가디언〉, 〈중국일보(차이나데일리)〉 등의 기자들로부터 일주일에 한 번꼴로 이런 질문을 받는다. "덴마크 사람들은 왜 그렇게 행복한가요?", "행복이라는 주제와 관련해서 덴마크 사람들에게서 배울 점이 무엇인가요?" 뿐만 아니다. 세계 곳곳의 정부 사절단, 학자, 정책 입안자들은 행복의 실체를 파악하기 위해, 아니 최소한 덴마크 사람들이 누리는 높은 수준의 행복, 안녕, 삶의 질의 원인을 알아보기 위해서라도 수시로 행복연구소를 찾아온다. 이를 이상한 일로 여기는 사람들도 많은데, 왜냐하면 실상 덴마크 사람들은 세상에서 가장 높은 세금의 의무를 지고 있기 때문이다.

흥미롭게도 복지국가 모델은 폭넓은 지지를 받고 있다. 이러한 지지는 사회 공동 재산이 복지 모델을 통해 사회복지로 환원될 수 있다는 인식에 바탕을 둔다. 실제로 세금을 납부하는 것은 사회에 투자하는 것과 같다. 즉 우리는 삶의 질을 구매하고 있는 것이다. 덴마크 사람들이 누리는 높은 수준의 삶의 질을 이해하려면, 시민들이 느끼는 위험과 불확실성, 불안감을 줄이고 시민들이 극심한 불행에 빠지는 것을 방지하는 복지 모델의 역량에 대해 알아야 한다.

그러나 최근 들어 덴마크식 행복의 비결 가운데 관심을 받지 못한 또 다른 요소가 있을지도 모른다는 생각이 들기 시작했다. 그건 바로 '휘게'다. '휘게'라는 단어는 '웰빙'을 뜻하는 노르웨이어 단어에서 비롯되었다. 덴마크가 스웨덴에 노르웨이를 빼앗긴 1814년까지 약 500년 동안 덴마크와 노르웨이는 단일 왕국이었다. '휘게'라는 단어가 처음 덴마크어로 문서에 기록되기 시작한 것은 1800년대 초반부터였으며, 휘게와 웰빙 또는 행복과의 연관성은 우연의 일치가 아닌 것으로 보인다.

유럽사회조사(European Social Survey)에 따르면 덴마크 사람들은 유럽에서 가장 행복한 사람들이다. 그런데 사실 따지고 보면 가족과 친구들을 가장 자주 만나고 그럼으로써 가장 많은 안정과 평온함을 느끼는 사람들 또한 덴마크 사람들이다. 그러므로 최근 유럽에서 휘게에 대한 관심이 높아지는 것도 자연스러운 일이다. 기자들은 휘게의 정체를 밝히려는 목적으로 덴마크를 구석구석 돌아보고, 영국의 어느 대학은 휘게에 대해 가르치고 있으며, 휘게를 내세운 빵집, 상점, 카페들이 전 세계 곳곳에서 문을 열고 있다.

하지만 대체 휘게는 어떻게 만들어지는 것일까? 휘게는 행복과 어떤 관련이 있을까? 그리고 휘게란 정확히 무엇을 말하는 것일까? 이 책은 이런 질문에 답하고자 한다.

Hygge Life

1장

돈 으로 살 수 없는 행복, 휘게

Hygge. hygge is a Danish word for which there is no English translation. The closest we can get is 'cosy' but *hygge* also means having a good time and fun in cosy surroundings. The concept of *hygge* is fundamental to the comfortable home and translates, in decor terms, into: a dominant fireplace and a comfy spot in all corners.

삶 을 가 치 있 게
만 들 어 주 는 것 들

오늘날 전 세계 정치 지도자들은 왜 어떤 사회가 다른 사회보다 더 행복한지에 대해 관심을 쏟는다. 또한 많은 나라들은 한 사회로서 자신들이 얼마나 성공적인지 헤아리기 위해 다방면에서 측정을 시도한다. 즉 경제 성장뿐 아니라 삶이 얼마나 개선되었는지도 측정하고, 단순히 생활수준뿐만 아니라 삶의 질에 대해서도 측정한다. 이는 국내총생산(GDP)을 주요 지표로 삼던 기존의 패러다임이 바뀌었다는 뜻이다. 이것이 전혀 새로운 발상인 것은 아니다. 로버트 케네디(Robert Kennedy)는 이미 40년 전에 다음과 같이 GDP를 비판했다.

> 국내총생산(GDP)은 어린이들의 건강과 교육의 질, 놀이의 즐거움을 감안하지 않는다. 국내총생산은 시의 아름다움이나 결혼의 영향에 대해서도 고려하지 않는다. 공개토론에서 다뤄지지 않는 주제들이나 공무원들의 진실성에 대해서도 고려하지 않는다. 요컨대 국내총생산이 측정하는 것은 삶을 가치 있게 만드는 것들을 제외한 모든 것이다.

최근 행복에 대한 관심이 늘어남에 따라 행복에 관한 설문조사가 실행되는 횟수도 늘어났다. 그리고 이런 설문조사에서 덴마크는 거의 매번 최상위에 오른다. 2009년 〈뉴욕타임스〉의 한 기자가 "1년에 한 번 정도 새로운 연구 결과가 등장해 행복 강대국으로서의 덴마크의 지위를 재확인한다"라고 쓴 적이 있는데, 이 말은 점점 더 진실이 되어가는 것 같다.

유엔 자문 기구가 발표하는 〈세계행복보고서〉는 지금까지 네 차례 발표되었다. 덴마크는 한 차례 3위로 물러났을 때를 제외하고 매번 1위를 차지했다. 가장 살기 좋은 나라 또는 가장 행복한 나라로 덴마크와 코펜하겐을 최상위권에 올려놓은 보고서는 그밖에도 많다. 〈세계행복보고서〉는 그중 하나일 뿐이다.

OECD가 생활 만족도를 측정했을 때도, 유럽사회조사(European Social Survey)가 행복에 대해 조사했을 때도, 잡지 〈모노클(Monocle)〉이 코펜하겐을 세계에서 가장 살기 좋은 도시로 몇 차례 꼽았을 때도 늘 결과는 비슷했다. 이제 덴마크에서는 덴마크가 1위를 놓쳤을 때만 이런 목록이 화젯거리가 될 정도다. 사실 대부분의 덴마크 사람들은 덴마크가 세계에서 가장 행복한 나라라는 말을 들으면 그저 미소를 지을 뿐이다. 그들은 자신들에게 허락된 궂은 날씨를 고려할 때 자신이 행복 서열의 맨 앞줄에 서 있지 않다는 것을 잘 알고 있으며, 습기 찬 2월의 어느 아침 교통 체증 속에 앉아 있을 때면 자신이 세상에서 가장 행복한 사람들로 보일 리 없다는 사실도 잘 알고 있다. 그런데도 왜 덴마크 사람들은 그렇게 행복한 것일까?

행복에 관한 조사에서 덴마크의 순위

1위
세계행복보고서 2016

3위
세계행복보고서 2015

1위
OECD 더 나은 삶 지수
- 생활 만족도 2015

1위
유럽사회조사 2014

3위
OECD 더 나은 삶 지수
- 생활 만족도 2014

1위
세계행복보고서 2013

5위
OECD 더 나은 삶 지수
- 생활 만족도 2013

1위
세계행복보고서 2012

1위
유럽사회조사 2012

덴 마 크 사 람 들 이
세 상 에 서 가 장 행 복 한 이 유

앞서 살펴보았듯이 여러 조사 기관에서 덴마크를 세계에서 가장 행복한 나라로 꼽았다. 이를 계기로 많은 행복 연구자들은 덴마크에 관심을 갖게 되었다. 덴마크 사람들은 왜 행복한 것일까?

행복연구소에서는 이 질문에 대한 답을 찾기 위해 '행복한 덴마크 사람들 – 덴마크의 고도의 행복의 원인을 찾아서(The Happy Danes - Exploring the Reasons for the High Level of Happiness in Denmark)'라는 보고서를 작성했다. 보고서의 결론을 간단히 요약하자면 행복의 원인은 다양하다. 유전적 요인, 대인관계, 건강, 소득 수준, 직업, 목적의식과 자유로움과 같은 여러 요소들이 영향력을 발휘한다.

사실 행복과 관련한 여러 조사에서 덴마크가 선전할 수 있는 가장 큰 이유 중 하나는 사회복지 모델 덕분이다. 안정적인 복지 모델이 존재하면서 국민의 불안감과 스트레스를 덜어주기 때문이다. 어쩌면 덴마크가 세계에서 가장 행복한 나라라는 말보다는 세계에서 가장 덜 불행

한 나라라는 말이 더 알맞다는 생각을 해본다.

복지 모델은 비록 완벽할 수는 없지만 국민들이 극도의 불행에 빠지는 일을 방지해줄 효과적인 방법을 제공한다. 이러한 복지 정책들은 경제적으로 풍족한 이들보다는 부족한 이들, 즉 다른 부유한 나라보다 덴마크에서 더 행복하게 살 수 있는 계층의 사람들에게 특히 중요하다.

또한 덴마크는 부모들이 길거리에 유모차를 세워둔 채 카페에서 커피를 마셔도 아무도 아이를 데려가지 않을 정도로 서로를 향한 신뢰도가 높은 사회이고, 자신의 삶의 방향을 주체적으로 결정하는 자유로운 사람들이 사는 나라이며, 청렴한 정치가 이뤄지는 부유한 나라이고, 또한 시민 사회가 제 기능을 하는 사회다.

하지만 주목해야 할 것은 이런 특징들을 다른 북유럽 국가에서도 찾아볼 수 있다는 점이다. 노르웨이나 스웨덴, 핀란드, 아이슬란드 역시 높은 수준의 사회복지를 누리고 있다. 그렇기 때문에 행복에 관한 조사를 펼치면 대부분의 북유럽 국가들이 상위권에 오르는 것이다. 그렇다면 덴마크가 줄곧 1위를 거두는 이유는 어디에 있을까? 덴마크가 다른 북유럽 국가들과 다른 점이 있다면 그것은 아마 휘게일 것이다. 휘게와 행복은 서로 뗄 수 없는 연관성을 갖고 있다. 왜냐하면 휘게는 일상에서 행복을 추구하는 것이고, 또 휘게의 몇 가지 핵심 요소들은 행복을 끌어내는 원인이기 때문이다.

좋 은 사 람 들 끼 리
주 고 받 는 에 너 지

우리는 어떤 나라들이 다른 나라들보다 더 행복한 여러 이유들을 살펴보았다. 의료 서비스 등의 관대함, 자유로움, GDP, 청렴한 정치, 건강한 기대 수명 등. 그러나 의외로 행복에 가장 큰 영향을 미치는 것은 '사회적 지지'다.

　사회적 지지는 간단히 말하자면 어려운 시기에 기댈 수 있는 사람을 뜻한다. 이런 간단한 정의가 사회적 지지의 전반적인 작동 방식을 측정할 수 있는 최선의 방법은 아닐지 모르겠다. 하지만 〈세계행복보고서〉가 조사 대상으로 삼은 나라가 워낙 많기 때문에 우리는 그 데이터를 가지고 분석을 해볼 수 있다.

　덴마크 사람들이 행복한 이유 중 하나는 일과 개인의 삶을 균형 있게 분배하기 때문이다. 그들은 가족이나 친구와 함께 보낼 수 있는 시간을 상대적으로 많이 갖는다. OECD의 더 나은 삶 지수에 따르면 덴마크는 OECD 국가 중에서 최고로 긴 여가 시간을 누리는 나라이고, 유럽사회조사의 연구에서 덴마크 사람들의 33퍼센트가 대부분 항상 안정감과 평화로움을 느낀다고 답했다. 같은 연구에서 독일인은 23퍼센트, 프랑스인은 15퍼센트, 영국인은 단 14퍼센트만이 그렇다고 답했다.

따라서 균형 있는 삶을 유지하도록 돕는 데는 정책도 중요하지만, 휘게와 같은 가치가 사랑하는 사람들과 함께 특별한 시간을 보낼 수 있도록 돕고 있는지도 모른다. 대인관계와 휘게, 행복의 연관성에 대해서는 3장에서 더 자세히 다루도록 하겠다. 이 연관성은 아무리 강조해도 지나치지 않다.

1943년, 러시아계 미국인 심리학자 에이브러햄 매슬로우(Abraham Maslow)는 인간이 하위 단계 욕구부터 상위 단계 욕구까지 차례로 욕구를 충족시킨다는 욕구위계론을 폈다. 가장 기본적인 욕구는 음식, 물, 잠, 그리고 안전과 같은 생리적 욕구다. 그것이 충족되고 난 후에는 주위 사람들로부터 사랑을 받고 소속감을 느끼고자 하는 사회적 욕구가 생긴다. 이러한 사회적 욕구가 충족되지 않고서는 타인에게 인정받고자

매슬로우의 욕구위계론

하는 욕구와 자아실현에 대한 욕구를 충족하는 단계로 나아갈 수 없다.

오늘날 행복 연구자들이 스스로 행복하다고 느끼는 사람들의 공통점을 분석할 때 어김없이 발견하는 특징은 그들이 좋은 대인관계를 맺고 있다는 점이다. 또한 사회적으로 고립되어 있는 사람은 뇌의 특정한 부위가 활성화되어 신체적인 고통을 느낀다는 연구 결과도 많다.

지금까지 발표된 네 차례의 〈세계행복보고서〉는 대인관계와 행복이 연관성을 갖고 있음을 증명한다. 친구나 가족, 사랑하는 사람들과의 관계는 행복의 수준을 결정하는 가장 중요한 변수다. 생리적 욕구가 좀처럼 채워지지 않는 극빈국에 사는 사람들을 제외한다면, 일반적으로 사람들의 행복은 경제적 상황보다는 대인관계의 질에 더 크게 좌우된다.

〈세계행복보고서〉를 살펴보면 어떤 사회에서든 가장 중요한 관계는 사랑하는 사람들과의 관계라는 것을 알 수 있다. 물론 직장에서의 인간관계, 친구와의 관계, 이웃과의 관계 또한 중요하다. 따라서 좋은 대인관계는 우리의 행복에 좋은 영향을 끼친다고 말할 수 있다. 그런데 그 인과관계는 양방향적이다. 즉 여러 연구 결과에서 드러났듯이 행복한 사람일수록 더 좋은 대인관계를 맺는 경향이 있다. 그 이유는 아마도 행복하면 사교성이 더 좋아지고 그에 따라 대인관계가 향상되기 때문일 것이다. 여러 다른 실험에서도 긍정적인 마음을 가진 사람들이 사교 활동에 더 큰 관심을 갖는다는 결과가 나왔다. 마찬가지로 123개국을 대상으로 한 세계행복연구 역시 어느 지역에서나 사회문화적인 차이와 관계없이 행복과 대인관계가 깊은 연관성을 갖고 있음을 보여주었다.

요약하자면, 지난 십수 년간 행해진 여러 연구들은 대인관계와 행복 사이의 연관성을 증명한다. 행복한 사람들은 친구와 가족을 만나는 횟수도 잦고 그들과 더 의미 있는 관계를 맺는다. 좋은 대인관계는 행복한 마음을 불러일으키고 거꾸로 행복한 마음 덕분에 좋은 대인관계가 형성되기도 한다. 이 연구 결과들은 행복에 영향을 미치는 여러 요소들 가운데서도 주변 사람들과의 관계에서 느끼는 감정이 가장 중요하다는 것을 암시한다.

덴마크 사람들이 늘 행복한 이유로 휘게를 들 수 있는 것도 이 때문일 것이다. 덴마크의 정책이 덴마크 사람들로 하여금 의미 있는 관계를 추구할 수 있는 시간을 보장해주기도 하지만, 덴마크의 언어와 문화 또한 덴마크 사람들이 가족이나 친구와 보내는 시간을 최우선시하고 오랜 시간에 걸쳐 좋은 관계를 형성하도록 돕는다.

간소한 물건과
느리고 단순한 삶

휘게는 간소한 것, 그리고 느린 것과 관련이 있다. 휘게는 새것보다는 오래된 것, 화려한 것보다는 단순한 것, 자극적인 것보다는 은은한 분위기와 더 가깝다. 여러 면에서 휘게는 '느리고 단순한 삶'의 덴마크인 사촌이라고 할 수 있다.

우스꽝스러운 모양의 모직 양말 한 켤레는 비싸지도 화려하지도 않지만 휘게를 위해서는 없어서는 안 될 물건이다. 반면 값비싼 샴페인이나 향기로운 굴 요리가 아무리 좋다고 한들 그것들이 꼭 휘게를 불러 오는 것은 아니다.

크리스마스이브에 잠옷을 입고 영화 〈반지의 제왕〉을 보는 것, 좋아하는 차를 마시면서 창가에 앉아 창밖을 내다보는 것, 여름휴가 기간에 친구나 가족들과 함께 모닥불을 피우는 것 모두 휘게다.

단순함과 겸손함은 휘게의 중요한 미덕일 뿐만 아니라 덴마크의 디자인과 문화 전반의 미덕이기도 하다. 덴마크의 디자인은 단순함과 기능성이 매우 뛰어나다. 겸손함을 사랑하는 덴마크 사람들은 자신이 성취한 무언가에 대해 자랑하거나 번쩍이는 명품 롤렉스시계를 내보이는 행동에 눈살을 찌푸릴 뿐 아니라 그것이 휘게를 그르친다고 여긴다. 간단히 말하자면, 화려할수록 덜 휘겔리하다고 여기는 것이다.

사정이 이러하기 때문에, 어쩌다가 주머니 사정이 허락하지 않는 고급 레스토랑에 들어가게 되었을 때라면 휘게를 내세우며 그곳을 빠져나오는 것도 가능하다. '좀 더 휘겔리한 곳으로 가면 좋지 않을까?'라는 의견은 자리를 옮기는 데 충분히 납득할 만한 이유가 된다. 세계 최고의 식당에 선정되곤 하는 코펜하겐의 노마(NOMA) 레스토랑은 예외다. 그 레스토랑은 정말 휘겔리하기 때문이다. 조명이 매우 잘 되어 있는 곳이다.

휘게는 삶의 단순한 즐거움을 누리는 것이므로 저예산으로도 얼마든지 만들어낼 수 있다. 베니 안데르센(Benny Andersen)이 곡을 붙여 부르기도 한 덴마크의 유명한 시 '스반테의 행복한 하루(The Happy Day of Svante)'는 단순한 것에서 기쁨을 느끼고 순간순간을 음미하는 삶에 대해 노래한다.

'봐, 곧 햇빛이 날 거야. 붉은 태양과 기우는 달. 그녀는 나를 위해 샤워를 하네. 함께 있기에 좋은 사람인 나. 이게 우리가 가진 전부이기 때문에 삶은 살 만해. 그리고 커피는 아직 따뜻하지.'

인정한다. 아무래도 덴마크 사람들은 시보다는 휘게에 더 능한 것 같다. 어쨌든 여러 행복 연구를 통해 도출되는 결과를 보면 돈이 큰 차이를 만들지 않는다는 것을 알 수 있다. 물론, 먹을 것을 살 돈이 없다면 돈을 버는 것이 최우선 과제가 되겠지만, 가난에 허덕이거나 겨우 먹을 수 있을 만큼만 버는 상황에 처한 것이 아니라면, 행복을 위해 한 달에 100파운드 정도(한화로 약 14만 원 정도) 더 쓰는 것은 그리 낭비가 아니다.

휘게도 마찬가지다. 좋은 분위기나 유대감은 돈을 주고 살 수 있는 게 아니다. 바쁠 때나 스트레스를 받을 때는 휘게할 수 없다. 친밀감을 형성한다는 것은 시간을 들여서 주변 사람들에게 관심을 기울이고 그들과 뭔가를 함께해야만 가능한 일이다.

휘게는 종종 먹고 마시는 일을 포함하지만, 가끔은 소비를 삼가면 삼갈수록 더욱 휘겔리하다. 값비싼 물건이거나 인기 있는 명품일수록 덜 휘겔리하고, 단출하고 소박한 활동일수록 더 휘겔리하다. 샴페인을 마시는 것보다는 차를 마시는 게 더 휘겔리하고, 컴퓨터 게임을 하는 것보다는 보드게임을 하는 것이 더 휘겔리하며, 마트에서 산 비스킷을 먹는 것보다는 서툴러도 집에서 직접 만든 비스킷을 먹는 것이 더욱 휘겔리하다.

휘게를 극대화하는 데는 돈이 거의 들지 않는다. 양초보다 더 비싼 뭔가를 구입할 생각이 없다면 말이다. 휘게는 돈을 더 많이 소비함으로써 극대화할 수 있는 것이 아니라, 오히려 그와 정반대된다고 할 수 있다.

휘게는 시장 자본주의에 부정적인 영향을 끼치고 있는지도 모르지만, 개인의 행복에는 매우 좋은 영향을 끼친다. 휘게는 삶의 가장 단순한 것에서 느끼는 기쁨이며 거의 아무런 비용 없이 누릴 수 있는 것이기 때문이다.

'지 금 이 순 간'을
감 사 히 여 기 는 것

앞으로 다른 장에서도 설명하겠지만 휘게는 자기 자신과 주변 사람을 기분 좋게 하는 것이다. 사랑하는 사람들과 좋은 음식을 함께 나누어 먹는 데서 오는 소박한 즐거움의 순간을 누리는 것이다.

말하자면 생크림을 얹은 핫초콜릿이 마땅히 받아야 할 관심을 그 순간 그것에 쏟는 것이다. 간략히 말하면 욕구를 충족시키는 일이다. 휘게는 현재를 만끽하는 것이며 현재로부터 최선을 이끌어내는 것이다.

무언가를 만끽한다는 것은 그에 대해 감사하는 마음을 갖는 것이라고도 할 수 있다. 우리는 사랑하는 사람의 존재를 당연시 여기고 소홀히 하는 일을 경계해야 한다. 감사하는 마음이란 가령 어떤 선물을 받으면서 '감사합니다'라고 말할 때 갖는 마음보다 더 깊이 있는 것이다. 감사함이란 내가 지금 이 순간을 살아가고 있음을 유념하고, 그 순간에 집중하며, 현재 누리는 삶을 감사히 여기고, 가지지 않은 것이 아니라 가진 것을 돌보는 마음이다. 너무 뻔한 말인가? 인정한다.

그렇지만 감사하는 마음을 가지면 행복해진다는 것이 여러 연구를 통해 증명된 것도 사실이다. 감사함에 대해 연구하는 캘리포니아 대학교 데이비스 캠퍼스(University of California, Davis)의 심리학과 교수 로버트 A. 이먼스(Robert A. Emmons)에 따르면 감사하는 마음을 갖고 있는 사람들은 그렇지 않은 사람들보다 더 행복할 뿐만 아니라 남을 기꺼이 돕고자 하는 마음도 더 크며 또한 덜 물질주의적이라고 한다.

그는 1,000명의 사람들을 대상으로 실험을 했는데, 그중 일부에게는 일주일 단위로 감사 일기를 적도록 했다. 연구 결과 감사하는 마음은 심리적, 신체적, 사회적으로 유익한 것으로 드러났다. 감사 일기를 적은 사람들은 상황을 파악하는 능력이 향상되었고, 어떤 일을 할 때 열의를 갖고 임했으며, 숙면을 취했고, 면역력이 강해졌고, 자신이 누군가에게 도움을 줄 수 있는 상황도 더욱 빨리 알아차렸다.

또한 감사 일기를 쓴 사람들은 트라우마나 고통에서 더 빠르게 회복되었고 어떤 상황에 처하든 스트레스를 덜 받았다. 평소에 감사하는 마음을 갖는 것이 얼마나 중요한지 잘 알 수 있다.

인간의 감정은 낯설고 새로운 것을 좋아하기 때문에 새로운 사물이나 현상, 특히 긍정적인 사물이나 현상에 빠르게 적응한다. 그러므로 우리는 늘 똑같은 사고방식에 갇히는 일을 경계하고 감사해야 할 새로운 일들을 계속해서 떠올려야 한다. 이먼스 교수는 감사하는 마음을 가지면 현재 소유한 것들의 가치를 다시 돌아보게 되고 결국 그것들을 더욱 감사히 여기게 된다고 주장했다. 지금 누리고 있는 것들을 당연하게 여기거나 대수롭지 않게 여길 가능성이 적어진다는 것이다.

휘게는 단순한 즐거움을 만끽함으로써 얻을 수 있는 것이기 때문에 휘게를 실천한다면 우리가 매일 감사하는 마음을 가질 수 있도록 도와

줄 것이다. 휘게는 현재를 최대한 만끽하는 방법이기도 하지만, 동시에 미래의 행복을 계획하고 과거의 행복을 추억하는 방법이기도 하다. 덴마크 사람들은 휘겔리한 시간을 갖기 위해 미리 계획을 짜는 것을 즐기고, 후에는 그 시간을 돌아보며 추억에 잠긴다.

이 책을 디자인한 디자이너 중 한 명은 이 책의 초고 일부를 읽은 뒤 이런 질문을 했다. "노스탤지어(Nostalgia, 지난 시절을 추억하며 그리워하는 마음-옮긴이)도 휘게의 일부인가요?" 코펜하겐 뵈에너담스뵈이에 있는 그래놀라 카페(Granola Café)에서 이 책의 디자인에 대해 함께 논의하고 있을 때였다. 처음에 나는 그의 말을 한 귀로 흘려 넘겼다. 그러나 나중에서야 그가 옳았다는 생각이 들기 시작했다. 프렌치 알프스(French Alps)의 발코니나 벽난로 앞에 앉아 있던 때, 어린 시절 통나무집에 들어서던 어느 여름날 등 휘겔리한 순간들을 마음속으로 다시 상상하고 경험하면서 나는 노스탤지어에 빠지고 말았다. 동시에 나의 얼굴에는 미소가 떠올랐다.

〈성격 및 사회심리학 저널(Journal of Personality and Social Psychology)〉(2006

년 11월)〉에 실린 '노스탤지어: 내용, 계기, 기능(Nostalgia: Content, Triggers, Function)'에 따르면, 노스탤지어는 긍정적인 생각을 품게 하고, 사랑받는 다는 느낌을 갖게 하며, 자존감을 드높인다. 행복과 휘게가 '지금 이 순간'을 감사히 여기는 것이라 할지라도, 행복과 휘게는 미리 계획되고 차후에 회상되기도 한다. 휘게와 행복의 연관성은 현재만 있는 것이 아니라 과거와 미래에도 있는 것이다.

휘   게
1 0 계 명

1. 분위기
조명을 조금 어둡게 한다.

2. 지금 이 순간
현재에 충실한다. 휴대전화를 끈다.

3. 달콤한 음식
커피, 초콜릿, 쿠키, 케이크, 사탕. 더 주세요!

4. 평등
'나' 보다는 '우리'. 뭔가를 함께하거나
TV를 함께 시청한다.

5. 감사
만끽하라.
오늘이 인생 최고의 날일지도 모른다.

6. 조화
우리는 경쟁을 하고 있는 것이 아니다.
우리는 이미 당신을 좋아한다.
당신이 무엇을 성취했든 뽐낼 필요가 없다.

7. 편안함
편안함을 느낀다. 휴식을 취한다.
긴장을 풀고 쉬는 것이 가장 중요하다.

8. 휴전
감정 소모는 그만.
정치에 관해서라면 나중에 얘기한다.

9. 화목
추억에 대해 이야기를 나눔으로써
관계를 다져보자. "기억나? 우리 저번에…."

10. 보금자리
이곳은 당신의 세계다.
평화롭고 안전한 장소다.

Hygge Life

2 장

우리 모두를 위한
새로운 라이프스타일, '휘게'

Hygge. hygge is a Danish word for which there is no English translation. The closest we can get is 'cosy' but *hygge* also means having a good time and fun in cosy surroundings. The concept of *hygge* is fundamental to the comfortable home and translates, in decor terms, into: a dominant fireplace and a comfy spot in all corners.

휘 게 는
어 디 에 서   시 작 됐 는 가

'휘게'라는 단어는 어디서부터 시작됐을까? 휘게가 처음 덴마크어로 문서에 기록된 것은 1800년대 초반이었으나, 이 단어는 본래 노르웨이어에서 비롯되었다. 1397년부터 1814년까지 덴마크와 노르웨이는 하나의 왕국이었다. 그래서 오늘날에도 덴마크 사람들과 노르웨이 사람들은 서로의 언어를 이해할 수 있다.

노르웨이어 '휘게' 단어의 뜻은 '웰빙'이다. 그러나 어쩌면 '휘게'는 '포옹'을 뜻하는 'hug'라는 단어에서 유래했을지도 모른다. 'hug'는 1560년대 단어인 '포옹하다', '받아들이다'라는 뜻의 'hugge'에서 유래했다. 단어 'hugge'의 기원은 알려져 있지 않지만, 어쩌면 '위로하다'라는 뜻을 가진 고대 스칸디나비아어 'hygga'에서 유래했을지도 모른다. 'hygga'는 '분위기'를 뜻하는 단어 hugr에서 유래했고, hugr는 게르만어인 hugjan에서 왔는데, 이는 '생각하다', '배려하다'는 뜻의 고대 영어 hycgan과 관련이 있다. 흥미롭게도, '배려', '분위기', '위안', '포옹', '웰빙'은 모두 오늘날 이야기하는 휘게의 요소들과 일치한다.

덴마크어를 수식하는 말은 많지만 그것이 '아름답다'라는 말로 수식되는 일은 좀처럼 없다. 구글에서 영어로 '덴마크어는(Danish sounds like…)'이라고 입력하면 '독일어처럼 들린다(German)' 혹은 '감자(potato)'라는 말이 맨 처음 뜰 것이다. 외국인들에게 덴마크어는 뜨거운 감자를 입에 물고 독일어를 말하는 소리처럼 들리는 것이다. 덴마크어를 병 걸린 물개가 목이 메어 꺽꺽거리는 소리 같다고 말한 사람도 있었다. 그럼에도 휘게에 대해 설명하고자 할 때는 덴마크어를 사용하는 것이 가장 유리할 수밖에 없다.

휘게는 동사 형태도 있고 형용사 형태도 있다. 형용사 형태로는 무언가를 '휘겔리(hyggeligt)'하다고 표현한다. 가령, "정말 휘겔리한 거실이군요!", "만나서 정말 휘겔리합니다!", "휘겔리한 시간 보내세요!"처럼 말이다.

덴마크 사람들은 '휘게'와 '휘겔리'라는 말을 하도 많이 써서, 마치 투렛 증후군(Tourette syndrome, 본인의 의지와는 관계없이 같은 행동을 반복하는 질환-옮긴이)을 앓는 것처럼 보일 정도다. 그들은 모든 것에 대해서 그것이 얼마나 휘겔리한지 이야기한다. 항상 말이다. 휘겔리한 순간에만 그런 것이 아니다. 우리는 다가올 금요일에 있을 모임이 얼마나 휘겔리할지에 대해, 또는 지난 금요일이 얼마나 휘겔리했는지에 대해 습관처럼 이야기를 나눈다.

휘게는 덴마크 사람들의 사교 모임에서 그 모임의 성공 여부를 가늠하는 가장 중요한 지표다. "여보, 손님들이 오늘 휘게데(hyggede)한 것 같아요?"(과거형이다. 발음해보려고 하지 말라.)

나는 몇 주마다 한 번씩 포커 모임에 참석한다. 멕시코, 미국, 터키, 프랑스, 영국, 인도, 덴마크 출신들이 모이는 꽤나 국제적인 모임이다. 우리는 여자에 대한 이야기부터 오렌지 대포(orange cannon, 공기의 압력을 이용해 오렌지나 감자 같은 물건을 탄환처럼 쏠 수 있는, 플라스틱 파이프로 만들어진 무기-옮긴이)의 사정거리를 최대한 늘리는 법까지 다양한 주제로 이야기를 나누는데, 다양한 국적의 사람들이 모이기 때문에 늘 영어를 사용하고 있다.

이 모임에서는 영어가 주요 의사소통 수단이지만 자주 사용하는 덴마크어 단어가 하나 있다. 그렇다. 특히 멕시코 친구 대니가 게임에서 크게 지고 난 후에 이 단어를 자주 쓴다. "상관없어. 휘게 때문에 여기 온 거니까."

휘게에 집착하는
덴마크 사람들

휘게는 이렇게 모임의 성공 여부를 가늠하는 지표가 될 뿐 아니라 카페와 음식점들이 흔히 내세우는, 그래서 사실은 그다지 남다를 것도 없는 자랑거리가 되기도 한다. 구글에서 덴마크어로 '아름다운 식당'을 입력하면 7,000건의 문서가 검색된다. '고급 식당'을 입력하면 9,600건, '저렴한 식당'을 입력하면 3만 600건이 검색된다. 한편 '휘겔리한 식당(Hyggelig restaurant)'을 입력하면 문서가 8만 8,900건이나 검색된다. 론리플래닛 가이드북이 지적했듯, "덴마크 사람들은 아늑한 분위기에 목숨을 건다. 누구나 그러하다. 가죽 재킷을 걸친 험상궂은 인상의 오토바이족조차도 '휘게'를 기준으로 삼아 술집을 추천해준다."

이는 마케팅 수업에서 가르치는 내용들이 전부 다 허튼소리라는 뜻이기도 하다. 가격, 상품, 판촉활동 등은 다 잠꼬대일 뿐, 덴마크에서 장사의 승패를 가름하는 것은 오직 휘게뿐이다.

나는 코펜하겐에 산다. 코펜하겐에는 카페가 많아서 내가 살고 있는 아파트 바로 맞은편에도 카페가 하나 있다. 그 카페의 커피 맛은 정말 형편없다. 생선처럼 비린 맛이 나고 (믿을 수 있겠는가? 나도 정말 놀랐다) 값도 5유로(한화로 6,200원 정도)나 한다. 그런데도 나는 가끔 그 카페를 찾아간다. 벽난로, 즉 휘게가 있기 때문이다.

덴마크에서 벽난로를 지피는 것은 드문 일이 아니다. 양초를 켜고 가까운 친구들과 담요를 두른 채 따뜻한 차를 마시는 일도 마찬가지다. 일부 덴마크 사람들은 휘게가 덴마크만의 특유한 문화라고 생각한다. 또 덴마크 사람들의 약 3분의 1은 휘게가 덴마크에서만 통용되는 관행이기 때문에 다른 언어로 번역될 수 없다고 주장한다.

하지만 나는 그런 의견에 동의하지 않는다. 덴마크 사람들만이 휘게를 누리거나 휘게와 깊은 유대감으로 결합되어 있는 것은 아니다. 이는 덴마크어 외에 다른 언어에도 휘게와 비슷한 표현들이 있다는 사실에서도 알 수 있다. 가령 네덜란드 사람들과 독일 사람들은 가까운 사람들과 좋은 음식을 함께 먹을 때 느끼는 행복감을 표현하기 위해 각각 허젤러흐하이트(Gezelligheid)와 게뮈틀리히카이트(Gemütlichkeit)라는 단어를 사용하고, 캐나다 사람들은 '호미니스(hominess, 집처럼 편안함)'라고 표현한다. 그러나 이렇게 여러 언어에 명사 '휘게'에 해당하는 의미를 가진 형용사 어휘들이 있지만, '휘게(Hygge)'를 동사로도 활용하는 언어는 덴마크어가 유일하다. "오늘밤 우리 집에 와서 휘게하는 게 어때?"처럼 말이다. 아마 이 점이 덴마크만의 남다른 특징이라고 할 수 있을 것이다.

휘게와 관련해 덴마크에만 존재하는 것으로 보이는 고유한 특징은 사람들이 휘게에 대해 이야기하는 빈도가 매우 잦다는 점이다. 덴마크 사람들은 늘 휘게에 정성을 쏟고, 휘게를 덴마크 문화 정체성의 본질적인 특성이자 국가DNA의 핵심적인 부분으로 여긴다. 자유가 미국인을,

철저함이 독일인을, 의연함이 영국인의 기질을 상징하는 키워드라면 덴마크 사람들을 특징짓는 키워드는 휘게일 것이다.

이렇게 휘게가 덴마크의 문화와 정체성에서 차지하는 의미가 각별한 만큼, 덴마크어에는 휘게와 관련된 어휘가 풍부할 수밖에 없다.

덴마크어는 단어들을 이어붙여 자유롭게 합성어를 만들어낼 수 있는 언어다. 한 예로 덴마크어에는 다음과 같은 단어가 실재한다.

speciallægepraksisplanlægningsstabiliseringsperiode

(speciality-doctor-practice-planning-stabilizing-period)

51개의 알파벳으로 이뤄진 이 단어는 단어 만들기 보드 게임인 스크래블(Scrabble)에서 승부를 판가름 지을 수 있는 병기라 할 만하다.

마찬가지로 '휘게' 역시 어떤 덴마크어 어휘에도 갖다 붙일 수 있다. 누군가를 휘게스프레더(Hyggespreder, 휘게를 퍼뜨리는 사람)라고 부르기도 하고, 금요일 밤은 패밀리휘게(familiehygge, 가족끼리의 휘게)로 잡혀 있다고 말하기도 하며, 휘게소케르(hyggesokker, 휘게 양말)라는 브랜드의 양말도 있다. 행복연구소에는 이런 안내 문구가 붙어 있다.

"발이 시리면 얼마든지 양털로 짠 휘게소케르를 빌려 신으세요."

휘 게 는
모 두 를 위 한 것 이 다

셰익스피어의 희곡 〈로미오와 줄리엣〉에는 이런 구절이 있다. "이름이
란 게 무슨 소용인가? 장미꽃은 다른 이름으로 불려도 똑같이 향기로울
게 아닌가?" 나는 이 말이 휘게에도 적용된다고 생각한다.

오직 덴마크 사람들만이 친한 친구들과 함께 벽난로 앞에 앉아 멀드 와인을 마시며 편안함과 즐거움을 느낄 수 있는 유일한 사람들인 것은 아니다.

'휘게'를 영어로 번역하면 '코지니스(cosiness, 안락함)'쯤 될 텐데, 여기에는 휘게의 여러 중요한 맥락이 빠져 있다. 그러나 전 세계 곳곳의 여러 다른 언어에서 휘게와 매우 유사한 개념들을 찾아볼 수 있다.

허젤러흐하이트 GEZELLIGHEID - 네덜란드

허젤러흐하이트의 사전적 정의는 '안락하고 운치 있으며 좋은 것'이다. 그러나 네덜란드 사람들에게 허젤러흐하이트는 이보다 훨씬 더 큰 의미를 갖는 개념이다.

네덜란드 사람들의 점수를 따고 싶다면, 미국 대통령 오바마가 2014년 네덜란드를 방문했을 때 했던 말을 써먹어보자. "네덜란드 단어 중에 네덜란드인의 정신을 포착하여 담아내는, 영어로는 정확히 번역되지 않는 어떤 단어가 있다는 말을 들었습니다만, 저의 첫 네덜란드 방문은 그야말로 허젤러흐(gezellig)했다고 말해야겠군요."

네덜란드 사람들은 허젤러흐라는 단어를 다양한 방식으로 사용한다. 가령 흔히 쓰이는 표현 중에 '허젤러흐 카페(해석: 까물대는 촛불과 졸고 있는 고양이가 있는, 따스한 느낌의 카페)'에서 커피를 마신다는 표현이 있다. 또 가장 순수한 형태의 허젤러흐하이트를 꼽으라면 아마 폭우가 쏟아지는 날 빈티지가 있는 크래프트 맥주만을 판매하고 옛 음악을 들려주는 '허젤러흐 바'에서 비를 피하는 일일 것이다. 반대로 치과 병원의 휑한 대기실에 앉아 순서를 기다리는 일은 '허젤러흐 친구'가 옆에 앉아 함께 기다려주지 않는 이상 허젤러흐와 가장 동떨어진 일이다. 자, 이제 허젤

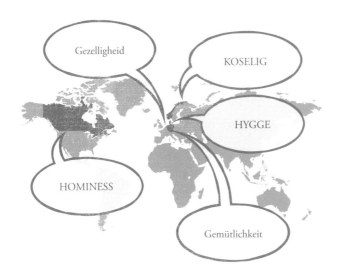

세계 곳곳에서 발견되는 휘게의 유사 개념들

러흐하이트와 휘게가 서로 얼마나 비슷한지 감이 오는가?

그러나 이 둘이 매우 흡사하다 하더라도 완전히 동일한 것은 아니다. 흔히 허젤러흐하이트가 휘게에 비해 좀 더 사교에 방점을 둔 개념이라고 알려져 있다. 이것이 사실인지 아닌지 확인하기 위해 우리는 간단한 설문조사를 실시했다.

설문조사 결과, 네덜란드 사람들은 덴마크 사람들이 휘게를 경험하는 것과 동일한 방식으로 허젤러흐하이트를 경험하는 것으로 나타났다. 휘게와 허젤러흐하이트 모두 각국에서 매우 중요하게 여겨지는 개념이며, 공통적으로 양초와 벽난로, 크리스마스를 핵심적인 요소로 생각하는 것으로 나타났다. 그러나 허젤러흐하이트가 휘게에 비해 좀 더 외향적인 측면을 갖고 있다는 예의 통념 또한 사실인 것으로 나타났다. 57퍼센트의 네덜란드 사람들이 집 밖에서 허젤러흐하이트를 가장 크게 느낄 수 있다고 답한 반면, 사교 모임에 참석하기 위해 외출하는 것이 가장 휘겔리하다고 답한 덴마크 사람들은 단 27퍼센트에 불과했다. 또 62퍼센트의 네덜란드 사람들이 여름이 연중 가장 휘겔리한 계절이라고 답한 반면, 덴마크 사람들은 가을을 선호했다.

코슬리 KOSELIG − 노르웨이

노르웨이 사람들은 모든 것이 코슬리하기를 바란다. 이 단어 또한 영어 표현인 '코지니스'와 혼동해서는 안 된다(이는 노르웨이 사람들이 주장하는 바다).

무엇보다도 코슬리는 따스함과 친밀감으로 설명될 수 있다. 식탁 위에 좋은 음식이 놓여 있고, 따스한 색감으로 주위가 장식되어 있으며, 좋은 친구들이 곁에 있고, 벽난로, 아니면 적어도 양초 몇 자루가 켜져 있으면 완벽하게 코슬리한 저녁이다.

호미니스 Hominess − 캐나다

캐나다 사람들은 바깥세상이 차단된 상태를 묘사할 때 '호미니스'라는 단어를 쓴다. 이 단어는 공동체의 느낌, 따스함, 단란함 등을 암시하지만, 또한 집을 닮은 것들을 가리키거나 집에 있을 때의 안전한 느낌을 반영하기도 한다. 그러므로 이 단어는 실체적인 측면과 상징적인 측면을 둘 다 갖는다고 할 수 있다. 즉 집이라는 건물의 장식적인 아늑함, 그리고 바깥세상이 차단된 안전한 보금자리에 있다고 느끼는 정서적 아늑함 둘 다를 뜻한다. 따라서 호미니스 역시 휘게처럼 따뜻함과 화목함을 함축하는 단어라고 할 수 있다.

게뮈틀리히카이트 GEMÜTLICHKEIT — 독일

독일 사람들은 따스함, 친밀감, 소속감을 느끼는 상태를 나타내고자 할 때, 또는 종종 독일 비어가르텐의 분위기를 묘사하고자 할 때 게뮈틀리히카이트라는 단어를 사용한다. 심지어 옥토버페스트에 가면 사람들이 '게뮈틀리히카이트를 위해 건배를(Ein Prost der Gemütlichkeit)'이라는 독일 민요를 부르는 것을 들을 수 있다.

위에 소개한 개념들은 덴마크 사람들 외에 다른 나라 사람들도 휘게를 경험할 수 있으며 이미 그렇게 하고 있다는 증거다.

각 나라에서 사용하고 있는 단어들의 의미가 서로 완전히 일치하는 것은 아니지만, 그 단어들 모두 안락함이나 따스함, 화목함과 같은 느낌을 더욱 복합적이고 심화된 형태로 포착하고 있다는 공통점이 있다. 또한 이 단어들은 그런 느낌을 야기하는 여러 활동이나 장소들을 가리키

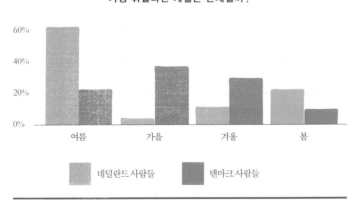

가장 휘겔리한 계절은 언제일까?

는 언어학적 상위개념이 되었다.

그중에서도 덴마크의 휘게와 네덜란드의 허젤러흐하이트는 다른 단어들보다 더 두드러진다. 왜냐하면 이 두 단어는 각 나라 사람들의 일상적인 대화와 생활 방식에 깊숙이 스며들어 있기 때문이다. 혹자는 이것이 어떤 식으로든 이로운 것인지 아닌지 궁금해할 것이다. 여기에 간단히 답하는 것은 쉽지 않은 일이다. 하지만 언급해둘 만한 사실은, 유럽 사회조사에 따르면, 덴마크와 네덜란드가 좀처럼 삶을 즐기지 못하는 사람, 혹은 불안함이나 열등감을 느끼는 사람이 극히 적은 나라에 속한다는 점이다. 또한, 이 두 나라는 유엔 자문 기구가 실시하는 행복 지수에서 최상위권에 드는 나라들이기도 하다.

자, 그렇다면 이름이란 게 무슨 소용인 것일까? 한편으로는 특정한 이름 그 자체는 별다른 중요성을 갖지 않는다. 사실 '휘게'라는 단어는 더도 말고 덜도 말고 호미니스나 허젤러흐하이트만큼의 기능만을 할 뿐이다. 그러나 다른 한편으로는, 이름을 사용함으로써 우리는 아늑함, 따스함, 화목함 같은 느낌을 포착하여 그것을 더욱 분명한 개념으로 빚어낼 수 있다. 그리고 더 나아가 그 개념을 독특한 문화적 특성으로 규정하는 현상으로까지 발전시킬 수 있다.

새 로 운
라 이 프 스 타 일 에   대 한   갈 망

요즘은 그야말로 전 세계 곳곳에서 휘게가 회자되고 있다. 이는 단순히 '휘게'를 향한 관심을 넘어서서 새로운 라이프스타일에 대한 갈증과 관심이라고 할 수 있다.

BBC와 텔레그라프(Telegraph)는 각각 '휘게: 덴마크로부터 배우는 마음 따뜻해지는 수업(Hygge: A heart-warming lesson from Denmark)', '아늑함: 우리가 덴마크의 예술 '휘게'를 적극 수용해야 하는 이유(Get cosy: why we should all embrace the Danish art of "hygge")'라는 제목의 기사를 썼다. 런던에 있는 몰리 컬리지(Morley College)는 학생들에게 '휘게하는 법(how to hygge)'을 가르친다. 로스앤젤레스에 있는 휘게 베이커리(Hygge Bakery)에서는 덴마크식 럼볼 '롬쿨레르(romkugler, 덴마크의 제빵사들이 쓰고 남은 밀가루 반죽을 활용하기 위해 만들기 시작했던, 럼 맛이 나는 초콜릿 디저트)'를 판매한다.《덴마크 방식으로 자녀를 키우는 법(The Danish Way of Parenting)》이라는 제목의 책은 휘게를 통해 세상에서 가장 행복한 아이들을 키울 수 있는 방법을 여러 장에 걸쳐 소개하고 있다.

본래 언어라는 것은 세계를 반영한다. 우리는 우리가 목격하는 현상들, 우리에게 중요한 의미를 갖는 사물들에 이름을 붙인다. 이것은 전혀 새로운 이론이 아니다. 1880년대에 캐나다 북부에서 이누이트 족을 연구한 인류학자 프란츠 보아즈(Franz Boas)는 이누이트 언어에 '부드럽게

내리는 눈'을 뜻하는 아킬로코크(aqilokoq), '썰매를 타기에 매우 적합한
눈'을 뜻하는 피에그나르토크(piegnartoq) 같은 단어가 존재한다는 사실
을 발견했다.

프란츠 보아즈의 발견 이후, 한 문화의 언어는 사람들이 경험하는
세상을 반영하면서도 그와 동시에 그 문화 속에서 살아가는 사람들의
행동에 영향을 끼치기도 한다는 '사피어-워프 가설(Sapir-Whorf hypotheis)'
이 나왔다. 사랑이라는 단어가 없어도 우리는 여전히 사랑의 감정을 느
낄 수 있을까? 아마 그럴지도 모른다. 하지만 만약 결혼이라는 단어가
없다면 어떨까? 언어는 종종 우리가 무엇을 소망하고 꿈꾸는지를 결정
하기도 한다. 그리고 그 소망과 꿈은 오늘 우리가 행동하는 방식을 결정
한다.

이누이트 사람들은 내리는 눈과 쌓인 눈을 구분함으로써 그 두 가지
에 각기 다른 방식으로 대처하게 되었으며, 이는 유럽 사람들이 여러 종
류의 눈을 늘 똑같은 방식으로 다루는 것과 대조를 이룬다. 이누이트 사
람들에게는 언어를 통해 눈의 종류를 구분 짓는 일이 필요했던 것이다.

이처럼 번역하기 어려운 독특한 어휘들이 발달하는 이유를 설명해
주는 하나의 관점이 있다. 그것은 우리가 특정한 문화의 구성원으로서
특정한 전통과 행동양식에 따라 행동하는데, 그러한 전통과 행동양식
을 표현할 어휘들이 필요하기 때문이라는 관점이다. 어떤 단어들, 특히
눈으로 볼 수 있고 만질 수 있으며 형체가 있는 사물들을 묘사하는 단어
는 번역하기가 쉽다. 개를 손가락으로 가리키며 우리는 '개', '페후(perro,
스페인어)', 또는 '훈트(hund, 독일어)' 등으로 부를 수 있다. 개는 영국 사람,
과테말라 사람, 덴마크 사람 모두에게 똑같은 개다. 그러나 세상에는 번
역이 불가능한 단어 역시 셀 수 없이 많다.

무형의 개념을 나타내는 단어는 설명하기도 어렵고 번역하기도 어렵다. 행복 연구자로서 나는 종종 이런 문제들에 부딪힌다. 휘게를 하나의 개념으로서 설명하는 일도 그중 하나다. 따라서 나는 이 책에서 휘게의 개념을 설명하는 대신 휘게와 관련된 사물이나 경험, 순간들을 묘사하는 방식을 택하기로 했다.

전　세　계　의
독　　특　　한
단　어　1 0　개

익트수아르포크 IKTSUARPOK
(이누이트어): 누군가 오는지 바깥을 내다보게
하는 기대감

프리오레로 FRIOLERO
(스페인어): 추위를 매우 잘 타는 사람

카푸네 CAFUNÉ
(브라질식 포르투갈어): 사랑하는 사람의 머리카락을
손가락으로 부드럽게 쓸어올리는 행동

하니아우쿠 HANYAuKu
(나미비아 반투어(Rukwangali)):
까치발로 뜨거운 모래 위를 걷는 것

부삿 BUSAT
(스칸디나비아 북부 사미어): 커다란 고환
한 개가 달린 수컷 순록

우테필스 UTEPILS
(노르웨이어): 화창한 날에 야외에 앉아
맥주를 즐기는 것

츤도코 TSUNDOKO
(일본어): 책을 계속 사들이면서도 읽지는
않는 것

쉴더발트 SCHILDERWALD
(독일어): 도로 표지판이 너무 많아 길을
잃게 만드는 길

리르 단 사 바르브 RIRE DANS SA BARBE
(프랑스어): 지난 일을 떠올리며 혼자 조용히 웃는 것

가타라 GATTARA
(이탈리아어): 길고양이들을 돌보는 데 열
심인 나이 든 여성

휘 게 어 사 전

앞서 언어는 행동을 결정한다고 말했다. 따라서 휘게를 만끽하기 위해서는 몇 가지 단어들을 알아두는 것이 좋다.

프레다스휘게 Fredagshygge/ 쇤다스휘게 Søndagshygge

금요일이나 일요일의 휘게. 프레다스휘게는 바쁜 한 주를 보낸 후 가족들과 함께 소파에 웅크리고 앉아 TV를 보는 것을 뜻한다. 쇤다스휘게는 일이 잘 풀리지 않을 때 따스한 담요에 둘러싸여 차 한 잔과 함께 책을 읽거나 음악을 듣는 일, 혹은 산책을 즐기며 느릿느릿 하루를 보내는 것을 말한다.
"오래 전부터 그 가족의 프레다스휘게는 사탕을 먹으며 디즈니 영화를 보는 것이다."

휘게부크세르 Hyggebukser

밖에서는 절대 입지 않을, 그러나 너무 편안해서 은밀히 좋아하는 바지.
"그녀는 혼자만의 시간이 필요했으므로, 민낯에 휘게부크세르를 입은 채 하루 종일 영화를 보며 집에 머물렀다."

휘게예네트 Hyggehjørnet

휘게하고 싶은 마음이 들 때. 글자 그대로의 뜻은 '휘게의 모퉁이'
"나 지금 휘게예네트해."

휘게크로그 Hyggekrog

휘겔리한 시간을 보낼 수 있는, 주방이나 거실의 아늑한 구석자리.
"휘게크로그에 앉자."

휘게온켈 Hyggeonkel

아이들과 놀아줄 때 매우 너그러운 사람. 글자 그대로의 뜻은 '휘게 삼촌' 정도.
"그는 정말 휘게온켈이야."

휘게스나크 Hyggesnak

민감한 사안은 건드리지 않는 잡담 또는 친밀한 대화.
"우리는 몇 시간 동안 휘게스나케데(Hyggesnakkede, 휘게스나크의 동사형의 과거
형-옮긴이)했다."

휘게스툰 Hyggestund

휘게의 시간.
"그는 휘게스툰을 위해 커피 한 잔을 들고 창가에 앉았다."

우휘겔리 Uhyggeligt

휘게와 휘겔리는 영어로 번역하기가 어렵지만, 휘게의 반대말은 그렇지 않다.
휘겔리의 반대말인 우휘겔리는 '으스스한' 또는 '무서운'이라는 뜻으로, 안전
하다고 느끼는 것이 휘게에 있어서 얼마나 핵심적인 것인지를 역설한다.
"밤에 숲 속을 혼자 걷다가 늑대 울음소리를 들으면 우휘겔리하다."

스웨덴에 있는 통나무집에서 내 친구가 말했던 것처럼, 그날 저녁 바깥에서 태
풍이 휘몰아쳤더라면 더욱 휘겔리했을지도 모른다. 어쩌면 휘게는 태풍이나
천둥, 아니면 무서운 영화 같은 '우휘게(uhygge)'한 위험이 도사리고 있을 때 더
욱 휘겔리해지는지도 모른다.

Hygge Life

3 장

'휘게'가 말하는 '함께'의 가치

Hygge. hygge is a Danish word for which there is no English translation. The closest we can get is 'cosy' but *hygge* also means having a good time and fun in cosy surroundings. The concept of *hygge* is fundamental to the comfortable home and translates, in decor terms, into: a dominant fireplace and a comfy spot in all corners.

행복했던 순간에는
늘 누군가 함께 있었다

매년 겨울이면 친구들과 함께 알프스 산맥으로 스키를 타러 간다. 우리는 슬로프를 오르내리며 속도감과 짜릿함을 즐기지만, 사실은 저녁에 통나무집에서 보내는 시간을 더욱 좋아한다. 지난겨울에는 양초를 준비해온 친구도 있었다.

발가락이 얼얼하고 온몸이 피로한 채로 발코니에 있는 의자에 앉으면, 그랑 마니에르(Grand Marnier, 코냑에 오렌지 향을 가미한 프랑스산 리큐어-옮긴이)를 따르는 소리가 들려와 커피가 준비되었음을 짐작하게 한다. 슬로프에서 돌아온 사람들이 하나 둘 발코니로 나오고, 너무 피곤해서 스키복을 갈아입지도 못한 우리들은 말없이 산맥의 풍광을 바라보며 깨끗한 산 공기를 들이킨다.

행복에 대해 강의를 할 기회가 있을 때마다 나는 청중들에게 눈을 감고 최근에 가장 행복했던 순간을 떠올려 보라고 한다. 간혹 이러한 요청에 약간 당황하는 사람들이 있으면, 나는 강의실에서 공개적으로 그 순간에 대해 이야기하라고 요청하지는 않을 것이라고 안심시킨다. 사람들이 행복했던 순간을 떠올리고 있을 때면 그들의 얼굴에 떠오른 평화로운 미소가 강의실을 온통 환하게 밝힌다. 그 행복했던 순간에 당신은 혼자였는지, 아니면 누군가와 함께 있었는지를 물으면 10명 중에 9명은 소중한 누군가와 함께 있다고 대답한다.

물론 이건 과학적인 연구 방법이 아니므로 무언가를 입증하려는 것은 아니다. 그러나 사람들로 하여금 행복한 순간을 떠올리도록 하는 이유는, 행복에 관한 수많은 연구를 수행해오면서 대인관계가 행복의 정도를 결정하는 가장 중요한 변수라는 확신을 얻었기 때문이다. 어떤 사람들이 다른 사람들보다 더 행복한 이유를 찾으려고 할 때마다 가장 자주, 그리고 가장 뚜렷하게 발견되는 특징이 바로 '좋은 대인관계'다.

그렇다면 사회와 개인의 삶을 어떤 방식으로 조직해야 풍성한 대인관계를 맺을 수 있을까? 어떤 면에서는 일과 개인의 삶을 건강하고 균

형 있게 분배하는 것이 하나의 해답이 될 수 있다. 이런 면에 있어서는 많이 사람들이 덴마크를 선망의 시선으로 바라본다. 3년 전, 남편과 딸과 함께 런던의 핀즈버리 공원에서 코펜하겐으로 이사한 캐시 스트롱맨(Cathy Strongman)은 〈가디언(Guardian)〉에 '덴마크가 지난주에 유엔 세계 행복보고서 최고 순위에 올랐다는 것은 놀라운 일이 아니다'라는 기사를 썼다. 그녀의 기사에서 덴마크가 중요시 여기는 대인관계에 대해 읽어낼 수 있다.

> 우리 삶의 질은 급격히 향상되었고 사람들은 한때 충성스럽게 따르던 런던적인 삶의 방식을 버리고 이제는 거의 민망한 수준에 이를 정도로 '덴마크적인' 모든 것에 열광하고 있다. 가장 큰 변화는 일과 개인적 삶의 분배다. 예전에 우리 가족은 던컨이 저녁 9시쯤 겨우 회사에서 벗어나면 허겁지겁 저녁식사를 해치워야 했지만, 이제 던컨은 5시면 사무실 책상에서 일어난다. 5시 반이 넘으면 사무실은 무서우리만치 조용해진다. 만약 주말에 일을 한다면 덴마크 사람들은 당신이 미쳤다고 생각할 것이다. 여기서는 매일 저녁 가족과 함께 식사하며 보내는 시간을 중요하게 여긴다. 요즘 던컨은 거의 매일 저녁 14개월 된 딸 리브(Liv)를 목욕시킨 후 재워준다. 평일에는 낯선 사이였다가 주말에 다시 가까워지려고 애쓰는 여느 가족과 달리, 둘은 언제나 서로의 곁을 지켜주는 최고의 단짝 친구다.
>
> —캐시 스트롱맨, 〈가디언〉

어떤 이들은 덴마크의 일터를 만화영화 〈플린스톤 가족(The Flint-stones)〉의 오프닝 크레딧에 비유하기도 한다. 덴마크 사람들은 오후 5시가 되면 누군가 '야바다바두(플린스톤 가족의 인물 프레드가 자주 외치는 말이자 주제곡 제목-옮긴이)!'라고 외치기 전에 모두들 총총 회사를 떠난다. 자녀가 있는 사람들은 보통 4시에 회사를 떠나고, 그렇지 않은 경우에도 5시면 자리를 뜬다. 모두가 일터를 떠나 집으로 가서 저녁식사를 차린다. 나 역시 팀원 중에 자녀가 있는 사람이 있을 경우 4시가 넘어 회의가 끝나는 일이 없도록 주의해서 회의 시간을 잡는다. 그들이 보통 때처럼 아이들을 차에 태우러 갈 수 있도록 말이다.

유럽인들의 60퍼센트는 일주일에 적어도 한 번은 친구, 가족 또는 동료들과 함께 시간을 보낸다. 덴마크 사람들은 평균 78퍼센트가 그렇게 한다. 휘게는 혼자서도 즐길 수 있는 것이지만 가까운 친구 또는 가족 몇 명이 함께 모여 있을 때 더욱 그 진면목이 발휘된다.

휘게는 또한 긴장감을 푼 편안한 상태에서 서로를 배려함으로써 조성되기도 한다. 덴마크에서는 누구도 남들의 주목을 받으려 하거나 긴 시간 동안 대화를 독차지하지 않는다. 평등은 덴마크 문화에 깊이 뿌리내린 휘게의 핵심적인 요소이다. 이는 실제로 덴마크 사람들이 휘겔리한 저녁을 준비할 때 구성원 모두가 일을 평등하게 분담한다는 사실에서도 분명하게 드러난다. 주인 혼자 부엌에서 무언가를 준비하는 것보다는 모두가 각자 자기 몫의 음식을 준비하는 것이 더욱 휘겔리하다.

편안한 누군가와 함께 보내는 시간은 따스하고 친근하다. 또한 허물 없고 포근하며 아늑하다. 신체적인 접촉이 없을 뿐이지 따뜻한 포옹과 같다. 이런 때는 누구나 긴장을 풀어 놓은 채 자기 자신이 될 수 있다. 그러므로 '휘게의 예술'이라는 표현에서 '예술'은 자신의 좁은 세계를 활짝 열어서 타인을 포용하는 예술이기도 하다.

따 뜻 한 포 옹 ,
휘 게

우리는 신뢰하는 누군가가 어깨에 손을 두르거나 키스를 하거나 뺨을
어루만지면 즉시 마음이 편안해지고 행복해진다. 우리 인체가 그렇게
작동한다는 사실은 신기하고 멋진 일이다. 옥시토신은 신체 접촉을 하
면 분비되는 신경 호르몬으로 우리를 행복하게 만들어주고 스트레스와
두려움, 고통을 덜어준다.

그렇다면 옥시토신은 언제 분비되는 것일까? 알려진 바에 따르면
포옹할 때 우리는 행복함을 느낀다고 한다. 그것은 사실이다. 옥시토신
은 이렇게 친밀감을 느낄 때 분비되기 시작한다. 그래서 옥시토신은 '포
옹 호르몬' 또는 '사랑 호르몬'이라고도 불린다. 휘게는 안락한 분위기
속에서 친밀한 사이인 누군가와 함께 시간을 보내는 내밀한 활동이다.
따라서 우리 몸은 휘겔리한 시간을 보낼 때 옥시토신을 분비한다는 결
론을 내릴 수 있다. 애완동물을 끌어안는 행위도 마찬가지다. 즉 애완동
물을 끌어안으면 휘게를 구성하는 세 가지 핵심 요소라고 할 수 있는 사

랑받는 느낌, 따뜻함, 안전함을 느끼게 된다.

옥시토신은 우리가 타인과 물리적으로 가까이 있을 때 분비되므로, '사회를 결속하는 힘'이라고 할 수도 있다. 옥시토신이 사람들 사이에 협력과 신뢰, 사랑을 만들어내고 결국 그렇게 형성된 협력, 신뢰, 사랑은 사회를 결속하는 동력이 되기 때문이다. 어쩌면 그런 이유로 많은 덴마크 사람들이 타인을 그토록 쉽게 신뢰하는지도 모른다. 휘겔리한 활동을 통해 분비되는 옥시토신이 타인에 대한 적대감을 줄이고 사회적 연대감을 증가시키기 때문일 것이다.

온기와 포만감 역시 옥시토신을 분비시킨다. 맛있는 음식, 양초, 벽난로, 담요는 늘 휘게와 함께하는 단짝들이다. 결국 어떤 면에서는 휘게의 가장 중요한 요소가 옥시토신이라고도 할 수 있는 셈이다. 휘게와 관련된 모든 것이 우리를 행복하고, 평화롭고, 안전하게 하는 것이라는 사실은 우연의 일치가 아니다.

친밀한 사람들과 함께 시간을 보내는 것은 휘게의 핵심적인 요소이기도 하지만, 행복을 연구하는 사람으로서 나는 그것이 행복에 있어서도 가장 중요한 요소라고 자신 있게 말할 수 있다. 많은 행복 연구자들은 좋은 대인관계가 인간의 행복에 필수적이라는 데 동의한다.

유엔 자문 기구가 발표한 〈세계행복보고서〉에 따르면, "기본적인 생활 요건을 갖추는 것이 우선적이긴 하지만, 기본적인 생활 요건이 충족된 후에는 행복은 소득보다는 인간관계의 질에 더욱 크게 좌우된다"고 한다.

이처럼 대인관계의 중요성이 대두되자 대인관계의 가치를 금전적으로 환산하려는 연구도 나왔다. 2008년, 영국에서 실시된 연구, '친구, 친척, 이웃에 가격표 매기기-삶에 대한 만족도 설문조사로 대인관계에

값을 매기기(Putting a Price Tag on Friends, Relatives and Neighbours: Using Surveys of Life Satisfaction to Value Social Relationships)'에 따르면, 사교 활동에 많이 참여할수록 삶의 만족도가 증가했으며, 이는 연 8만 5,000파운드(한화로 약 1억 2,000만 원)의 추가 수입을 얻는 것과 동일한 만족도라고 한다.

'함 께 한 다'는

기 적

대인관계와 행복의 연관성은 덴마크뿐만 아니라 전 세계 곳곳에서 실시된 설문조사 결과나 연구 결과에서도 반복적으로 나타난다. 몇 년 전 행복연구소는 코펜하겐 외곽에 있는 도시 드라고르(Dragor)에서 도시 연구를 수행했다.

우리는 드라고르 시민들의 행복과 삶의 만족도를 측정하고 그들의 삶의 질을 높일 수 있는 방안을 떠올리고자 드라고르 시의회와 함께 공동 연구를 수행했다. 연구의 일환으로 우리는 시민들의 대인관계에 대한 만족도를 조사했다. 물론 그들이 전반적으로 얼마나 행복함을 느끼는지도 조사했다. 이 연구에서 우리는 언제나 그렇듯, 행복과 대인관계 사이에 강한 연관관계가 있음을 다시 한 번 확인할 수 있었다. 평소 대인관계에 대한 만족도가 높은 사람일수록 더욱 행복하다는 결과가 나온 것이다. 앞서 언급했듯, 대인관계는 행복에 있어서 가장 중요한 변수다. 사람들에게 얼마나 행복한지 직접적으로 묻기 어려울 때면 나는 그

대인관계와 행복의 상관관계

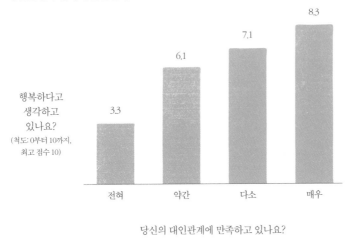

행복하다고
생각하고
있나요?
(척도: 0부터 10까지,
최고 점수 10)

3.3 / 6.1 / 7.1 / 8.3

전혀　　약간　　다소　　매우

당신의 대인관계에 만족하고 있나요?

들이 대인관계에 얼마나 만족하는지 묻는다. 대인관계에 대해 물으면 결국 원하는 답을 얻을 수 있기 때문이다.

다시 한 번 말하지만, 대인관계에 전반적으로 만족할 수 있는 방법은 매일 가까운 사람들과 함께 시간을 보내는 것이다. 노벨상 수상자인 대니얼 카너먼(Daniel Kahneman)의 일상 재구성법(Day Reconstruction Method)을 이용한 연구 결과에서도 그 사실을 확인할 수 있다. 일상 재구성법이란 사람들로 하여금 평범한 하루를 보내면서 다양한 활동을 하도록 한 다음 그런 활동을 하는 동안 느끼는 기쁨이나 짜증, 우울의 정도를 측정하는 연구 방법이다.

2004년, 카너먼 박사의 지휘 아래 프린스턴 대학 내 일단의 과학자들은 텍사스 주에 사는 여성 909명을 상대로 실험을 했다. 여성들은 매일 수첩에 전날 있었던 모든 일들에 대해서 세부적으로 기록해야 했다. 몇 시에 무엇을 했는지, 누구와 함께 있었는지, 각각의 활동을 하는 동안

어떤 기분을 느꼈는지 등에 대해서 말이다. 그 결과 출퇴근, 집안일, 직장 상사를 상대하는 일이 가장 언짢은 일, 섹스, 사람들과 어울리기, 먹기, 휴식하기가 가장 즐거운 일로 나타났다. 별로 놀라운 결과는 아니다. 말할 것도 없이 사람들과 어울리고 먹고 휴식하는 일은 휘게의 주요 요소다.

'소속감 가설'에 따르면, 우리는 타인과 연결되고자 하는 기본적인 욕구를 갖고 있으며, 서로 배려하고 챙겨주는 가까운 사람과 느끼는 유대감은 우리의 포부와 행동 방식에 큰 영향을 미친다. 이 '소속감 가설'을 뒷받침하는 증거들로는 우리가 선천적으로 친밀한 관계를 형성하고자 하는 의욕을 갖고 있다는 점, 한 번 형성된 관계는 깨뜨리지 않고 싶어 한다는 점, 배우자 또는 파트너와 함께 사는 사람이 혼자 사는 사람보다 더 오래 산다는 점 등이다(비록 이 마지막 예는 부분적으로 강화된 면역 체계와도 관련이 있긴 하지만 말이다).

'인간관계가 행복에 영향을 끼친다고? 네, 알려줘서 참 고맙네요!'

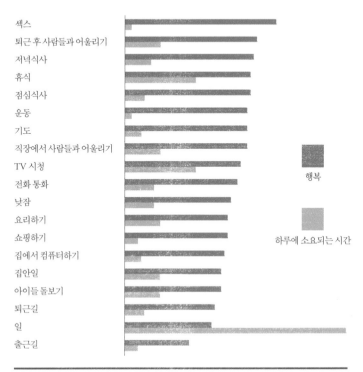

대니얼 카너먼의 일상 재구성법

섹스
퇴근 후 사람들과 어울리기
저녁식사
휴식
점심식사
운동
기도
직장에서 사람들과 어울리기
TV 시청
전화 통화
낮잠
요리하기
쇼핑하기
집에서 컴퓨터하기
집안일
아이들 돌보기
퇴근길
일
출근길

행복

하루에 소요되는 시간

출처: 카너먼 외, 일상의 경험을 측정하는 조사 방법 : 일상 재구성법(A Survey Method for Characterizing Daily Life Experience: The Day Reconstruction Method), 2004

사실 한 사람의 연구자로서 누구나 뻔히 알고 있는 대답을 결론으로 얻기 위해 몇 년 동안이나 똑같은 질문을 붙들어 매고 있다는 사실에 좌절감을 느끼기도 한다. 그렇지만, 이미 알려진 뻔한 사실일지라도 그것을 뒷받침하는 수치와 데이터, 증거를 마련하는 일은 중요하다. 왜냐하면 수학적 데이터들은 우리 사회의 정책을 수립하고 개인의 삶을 계획하는 데 유용하게 이용할 수 있기 때문이다.

우리는 사회적인 동물이다. 이는 인간관계에서 느끼는 만족감과 삶에 대해 갖는 전반적인 만족감을 서로 비교해볼 때 명확하게 드러난다. 그중에서도 가장 중요한 인간관계는 이런저런 일들을 함께 겪어 왔고 서로의 생각과 느낌을 공유하며 지지해주는 가깝고 친밀한 관계다. 간단히 말하면 휘게를 느낄 수 있는 관계다.

그런 이유로 덴마크 사람들이 가까운 사람들로만 구성된 소규모 모임을 선호하는지도 모른다. 물론 많은 사람들 속에서도 휘겔리한 시간을 보낼 수 있긴 하지만, 덴마크 사람들은 소규모 모임을 선호하고 더 자주 갖는다. 60퍼센트에 이르는 덴마크 사람들이 서너 명 정도가 휘게하기에 가장 적당한 인원수라고 답했다.

휘게하기에 적당한 인원 수

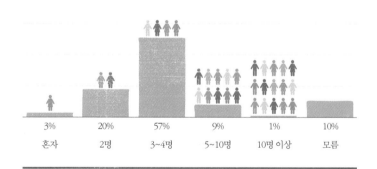

3%	20%	57%	9%	1%	10%
혼자	2명	3~4명	5~10명	10명 이상	모름

혼 자 이 면 서 도
함 께 하 는 휘 게

오래 전부터 알고 지내와서 서로에 대해 너무나 잘 알고 끈끈한 유대감을 느끼는 친구들과 시간을 보내는 것은 분명 기분 좋은 일이다.

그러나 최근 들어 이러한 문화에 도사리고 있는 심각한 단점을 인식하게 되었다. 그것은 바로 새로운 사람은 기존에 형성된 그룹 속으로 융화되기 어렵다는 점이다. 덴마크로 처음 이사를 온 사람들은 하나같이 이런 말을 하곤 한다. 이미 형성된 사회적 관계망 속을 뚫고 들어가는 일은 거의 불가능에 가깝거나, 혹은 수년 동안 인내심을 갖고 열심히 노력해야만 가능하다고 말이다.

인정한다. 실제로 덴마크 사람들은 모임에 낯선 사람을 받아들이는 데 능숙하지 않다. 부분적으로는 휘게 때문에 그러하다. 만약 모임에 새로운 사람이 너무 많다면 아무래도 덜 휘겔리하다고 느끼기 때문이다. 따라서 덴마크에서 친구를 만들기 위해서는 노력을 많이 해야 하고 도중에 외로움도 많이 느끼게 된다. 그러나 한 가지 분명한 것은 내 친구

존의 말마따나 '일단 어느 모임에든 발을 들여놓게 되면, 그 모임의 진정한 일원이 된다.' 이는 즉, 덴마크에서 어떤 모임에 초대를 받았다면 거기서 평생의 친구를 만들게 될 가능성이 높다는 의미다.

이 책을 쓰는 도중, 한 학기 동안 교환학생으로 코펜하겐에 와 있던 미국인 학생들을 상대로 강의를 할 기회가 있었다. 나는 강의를 할 때마다 그 강의를 연구에 도움이 될 만한 정보나 영감을 얻을 기회로 삼는데, 그래서 이때도 강의 도중 행복과 휘게의 관계에 대해 토론하도록 학생들을 유도했다.

그러자 그때까지 조용히 앉아 있던 한 학생이 손을 들었다. "저는 내향적인 사람인데요. 그래서 저한테는 휘게가 정말 잘 맞는 것 같아요." 그녀는 미국에서의 사회 활동은 역동적으로 이뤄진다고 말했다. 즉 어떤 모임이든 많은 사람들이 참여하고 그 속에서 빠르게 관계가 형성된다는 것이다. 간단히 말해, 그녀는 외향적인 사람들을 위한 세계에서 살고 있었다. 그러던 그녀가 덴마크에 와서 덴마크식으로 사람들을 만나고 어울리는 방식을 경험하면서 자신에게 훨씬 더 잘 맞는다고 느낀 것이다. 그래서 휘게가 내향적인 사람들에게는 선물과도 같은 것이라고 그녀는 말했다. 휘게가 내향적인 사람들이 무기력함을 느끼지 않고도 사람들과 어울릴 수 있는 가장 좋은 방법이라는 것이다. 나는 그것이 꽤 통찰력이 있는 의견이라는 생각이 들었고 그래서 그녀의 생각을 훔쳐 이 책에 싣겠노라고 일러두었다.

흔히 내향적인 사람은 내면으로부터 에너지를 얻고, 외향적인 사람은 외부의 자극으로부터 에너지를 얻는다고 알려져 있다. 내향적인 사람은 혼자 있는 시간을 좋아하고, 외향적인 사람은 다른 많은 사람들에 둘러싸여 있는 것을 좋아한다고 알려져 있기도 하다. 그래서 내향적인

사람은 종종 수줍음을 잘 탄다고 오해를 사기도 한다. 물론 사교적인 활동이 잘 맞지 않고 그로 인해 스트레스를 받는 내향적인 사람들도 있긴 하지만, 내향적이면서 동시에 사교적인 사람도 분명 존재한다(차분한 성격의 외향적인 사람도 존재하는 것처럼 말이다).

좀 상투적인 표현일 수도 있지만, 내향적인 사람들은 대부분 아주 가까운 사람들과 뜻 깊은 대화를 나누거나, 따뜻한 음료를 마시며 책 읽는 것을 좋아한다. 그런데 사실 이런 일들은 매우 휘겔리한 것들이 아니던가? 이처럼 내향적인 사람들도 사교적인 면을 가지고 있지만, 단지 조금 다른 방식으로 사람들과 어울릴 뿐이다. 사교에는 오직 한 가지 방법만 있는 것은 아니다. 내향적인 사람들이 너무 많은 외부 자극을 받으면 기진맥진해진다고 해서 그들이 다른 사람들과 어울리는 것을 좋아하지 않는다는 뜻은 아니다.

휘게는 내향적인 사람들에게 잘 맞는 사교 방식이다. 내향적인 사람들은 많은 사람들 속에서 여러 가지 활동을 하는 대신 소수의 가까운 친구들과 함께 느긋하고 조용한 저녁 시간을 보내는 방식으로 사람들과 어울린다. 잘 모르는 사람들이 참석하는 큰 파티에 가기보다는 집에 머물기를 좋아하는 내향적인 사람들에게는 사람들과 어울릴 수 있으면서도 동시에 휴식도 취할 수 있는 휘게가 가장 좋은 사교 방법이 될 수 있는 것이다. 또한 휘게는 내향적인 사람들의 세계와 외향적인 사람들의 세계가 함께 어우러질 수 있도록 그 둘의 세계를 절충해주기도 한다. 그러니 내향적인 사람들이여, 자신이 휘게를 좋아한다는 사실에 부끄러워 말지어다. 또한 외향적인 사람들이여, 휘게를 경험하고 싶은 저녁이라면 촛불을 켜고 잔잔한 음악을 들으며 자신의 또 다른 내향적인 자아를 끌어안아 보자.

추 억 만 들 기

추억을 돌이켜보는 일도 좋지만 추억을 만드는 일은 더 좋다. 친구 또는 가족과 정기적으로 모여 추억을 만들어 보자. 매월 첫 번째 주 금요일에 보드게임을 하는 모임을 만들어도 좋고, 연중 해가 가장 긴 날인 하지(夏至)를 바닷가에서 함께 지내는 모임도 좋다. 무엇이든 친목을 다질 수 있는 활동을 주기적으로 함께하는 것이 중요하다. 이렇게 몇 년을 보내다 보면 서로 간의 유대감으로 더욱 끈끈해질 것이다.

Hygge Life

4 장

누구나 덴마크 사람처럼
휘게를 즐길 수 있다

Hygge. hygge is a Danish word for which there is no English translation. The closest we can get is 'cosy' but *hygge* also means having a good time and fun in cosy surroundings. The concept of *hygge* is fundamental to the comfortable home and translates, in decor terms, into: a dominant fireplace and a comfy spot in all corners.

오감으로 느끼는 휘게

휘게는 감을 잡기 어려운 추상적인 개념이긴 하지만, 오감을 동원해서 느낄 수 있다. 휘게는 맛, 소리, 냄새, 질감을 갖고 있으며, 시각적으로도 느낄 수 있다.

휘게의 맛

맛은 휘게의 중요한 요소다. 왜냐하면 휘게는 종종 뭔가를 먹는 일을 포함하기 때문이다. 그렇지만 그것이 어떤 음식이든 너무 낯설거나 실험적인 음식이어서는 안 된다.

휘게의 맛은 친숙하고 달콤하며 위안을 주는 맛이다. 차 한 잔을 마시면서 더욱 휘겔리한 느낌을 원한다면 꿀을 넣으면 된다. 더욱 휘겔리한 케이크를 맛보고 싶다면 슈거 파우더를 뿌리면 된다. 더욱 휘겔리한 스튜를 끓이고 싶다면 와인을 넣으면 된다.

휘게의 소리

장작불이 작은 불통을 튀기며 탁탁 타오르는 소리는 아마도 세상에서 가장 휘겔리한 소리일 것이다. 그러나 생명의 위험을 무릅쓰지 않고서는 불을 피울 수 없는 아파트에 살고 있다고 해도 걱정할 필요는 없다.

휘겔리한 소리는 얼마든지 많다. 사실, 휘게는 주로 소리의 부재와 관련이 있다. 사방이 조용할 때는 지붕 위에 떨어지는 빗방울 소리, 창밖에 부는 바람 소리, 바람에 나뭇가지가 흔들리는 소리, 나무로 된 마룻바닥 위를 걸을 때 나는 삐걱거리는 소리 같이 작은 소리까지도 들을 수 있다. 그런 작은 소리들은 휘겔리한 기분을 만들어준다.

또한 종이 위에 연필로 그림을 그릴 때 나는 사각거리는 소리, 보글보글 요리하는 소리, 실을 엮어 뜨개질하는 소리도 휘겔리하다. 안전한 곳에서 들리는 소리라면 그 어떤 소리든 휘게의 배경음악이 된다. 예를 들자면 천둥소리도 실내에 있어서 안전함을 느낄 때 들는다면 매우 휘겔리하다. 그러나 실외에 있다면, 글쎄.

휘 게 의 냄 새

안전함을 느꼈던 때와 장소를 떠올리게 하는 냄새를 맡은 적이 있는가? 아니면 어떤 특정한 때와 장소에 대한 기억보다도, 어린 시절에 세상이 어땠었는지를 전반적으로 회상하게 하는 냄새를 맡은 적이 있는가?

아니면 안도감과 아늑한 느낌을 강하게 불러일으키는 냄새, 가령 빵집에서 흘러나오는 갓 구운 빵 냄새라든가, 어린 시절에 살던 집 앞 공원에 있던 사과나무 향, 또는 부모님 집에서 늘 맡을 수 있었던 친숙한 냄새는?

사람마다 휘겔리하다고 느끼는 냄새는 천차만별인데, 그 이유는 사람마다 기억하고 있는 냄새와 그 냄새를 맡았던 순간이 전부 다르기 때문이다. 어떤 이들에게는 아침에 맡는 담배 냄새가 가장 휘겔리할 수 있지만, 동시에 어떤 이들에게는 메스꺼움과 두통을 일으킬 수 있다. 다만 휘게를 떠올리게 하는 모든 냄새에는 한 가지 공통점이 있는데 그것은 바로 안전하다는 느낌, 보살핌을 받는다는 느낌을 갖게 한다는 점이다. 인간은 어떤 낯선 물질을 마주했을 때 먹기에 안전한 것인지 판단하기 위해 냄새를 맡기도 하지만, 어떤 장소가 안전한지를 직감하기 위해서도 냄새를 맡는다.

휘게의 냄새는 경계심을 완전히 풀고 마음을 푹 놓도록 해주는 냄새다. 가정에서 요리할 때 풍기는 냄새, 집에서 늘 사용하는 담요의 냄새, 우리가 안전하다고 여기는 어떤 특정한 장소의 냄새는 매우 휘겔리하다. 왜냐하면 우리가 완전히 안전하다고 느꼈던 때의 마음 상태를 되살려주기 때문이다.

휘게의 질감

앞서 말했듯이 나무 탁자 위나 따뜻한 도자기 잔 또는 순록 가죽의 털을 손으로 쓰다듬는 행위는 휘겔리하다.

집에서 만든 오래된 물건은 늘 새로 구입한 물건보다 더 휘겔리하다. 또 작은 물건은 큰 물건보다 언제나 더 휘겔리하다. 미국의 표어가 '클수록 좋다'라면 덴마크의 표어는 '작을수록 휘겔리하다'일 것이다.

코펜하겐의 건물은 대부분 오래된 3층 또는 4층 높이의 건물들이다. 콘크리트나 유리, 강철 등으로 지어진 새 건물들은 이 오래된 건물들의 휘겔리함을 당해내지 못한다. 번쩍거리는 금속과 유리는 휘겔리하지 않다. 그것들이 충분히 오래된 것이라면 가능할지도 모르지만 말이다. 뭔가 불완전한 물건이나 오래된 물건의 거칠고 자연스러운 표면이야말로 휘게의 촉감이라 할 수 있다. 또한 추운 장소에서 뭔가 따뜻한 것에 감싸여 있는 것은 그저 따뜻한 장소에 있는 것과는 전혀 다른 일이다. 거친 환경 속에서 안락함을 획득한 느낌을 갖게 하기 때문이다.

눈으로 보는 휘게

앞서 말했듯 휘게는 빛에 크게 좌우된다. 너무 밝으면 휘겔리하지 못하다. 휘게는 서두르지 않고 여유를 가짐으로써 조성할 수 있는 것이다.

어떤 사물의 느릿한 움직임을 바라보는 것, 예를 들어 부드럽게 떨어지는 눈(이누이트 족이 '아킬로코크' 부르는 것)이라든지 벽난로의 너울거리는 불꽃을 바라보는 것은 휘겔리하다. 요컨대 자연의 느린 움직임과 자연의 어둑한 색감은 휘겔리하다. 살균 처리된 밝은 병실이나 빠른 속도로 고속도로를 달리는 차량을 보는 것은 휘겔리하지 않다. 휘게는 어둑하고 투박하며 느리다.

휘게의 육감

휘게는 안전함을 느끼는 것이다. 따라서 휘게는 곧 함께 있는 사람들을 신뢰한다는 증거가 된다.

그리고 그러한 신뢰는 직감을 발달시켜, 늘 만나던 사람들 말고 다른 낯선 사람들을 만났을 때도 자기 자신의 모습을 잃지 않고 완전히 편안하게 행동할 수 있게 된다.

따라서 휘게는 맛보고, 듣고, 냄새 맡고, 만지고, 볼 수 있는 것이다. 그러나 가장 중요한 건 느낄 수 있다는 것이다. 이 책의 서문에서 언급했던 곰돌이 푸의 격언이 나는 여전히 옳다고 생각한다. 사랑과 같은 감정들은 말로 설명하는 게 아니라 느끼는 것이다. 이는 이 책의 마지막 주제인 '행복'으로 연결된다.

가장
휘겔리한 때

크리스마스는 덴마크 사람들뿐 아니라 전 세계 많은 사람들에게 기쁘고 좋은 때이다. 그러나 '좋은'이라는 말로만 크리스마스를 표현할 수 있는 건 아니다. 어느 나라 사람에게든 크리스마스를 한 마디로 표현해보라고 해보면, '행복한', '즐거운', '훈훈한', '진실한' 같은 여러 형용사들을 댈 것이다. 덴마크 사람들도 물론 대부분의 단어에 동의할 테지만 곧 이의를 제기하며 이렇게 말할 것이다. "그런데 가장 중요한 단어가 하나 빠졌어. '휘겔리하다' 말이야!"

덴마크에서는 1년 중 한 달 동안은 해가 굉장히 짧기 때문에 이 시기에는 언뜻 햇빛을 보기만 해도 운이 좋다고 느낀다. 이 시기에 추위와 습기, 그리고 칠흑 같은 어둠 속을 뚫고 자전거로 출퇴근을 하다 보면, 대체 왜 덴마크에 정착하려는 사람들이 있는 것인지 의아해지기 시작한다. 물론 덴마크는 30도가 넘는 불볕더위나 허리케인, 쓰나미 같은 문제를 겪지는 않는다. 그러나 덴마크에서 살다 보면 날씨의 신이 덴마크

사람들을 상당히 싫어한다는 느낌을 받게 된다. 적어도 1년에 한 달은 그들을 비참하고 고통스러운 상태에 빠뜨리니 말이다.

하지만 의외로 바로 이때가 휘게가 가장 무르익는 때다. 덴마크 사람들은 날씨나 자연의 법칙 때문에 감정적으로 쇠약해지는 것을 거부한다. 그들은 습기 가득한 12월의 아침이면 특히 뿌리치기 힘든 유혹인 겨울잠에 빠지는 대신, 불리한 상황적 조건을 최대한 극복하고자 했다.

휘게는 일 년 중 어느 때라도 할 수 있는 것이지만, 휘게가 한 달 내내 지상 최대의 목표가 되는 것은 12월뿐이다. 휘게를 달성하지 못한다면 크리스마스를 준비하기 위해 덴마크 사람이 들인 시간과 노력은 모두 헛수고로 돌아가는 셈이다. 군밤, 모닥불, 친구, 맛있는 음식이 놓인 식탁에 둘러앉은 친구와 가족들, 빨간색, 초록색, 황금색의 크리스마스 장식, 크리스마스트리에서 풍기는 향긋한 소나무향, 모두가 따라 부르는 크리스마스 캐럴, 매년 방영되는 똑같은 TV 영화 등은 세계 어디에

서나 볼 수 있는 흔한 크리스마스 풍경이다. 미국 댈러스나 남아프리카 공화국의 더반에서나 웸의 노래 '라스트 크리스마스(Last Christmas)'가 흘러나온다. 아일랜드 더블린에도 두바이에서도 스크루지 영감 이야기를 모르는 사람은 없다. 덴마크도 마찬가지다.

물론 덴마크에서만 전해 내려오는 크리스마스 전통도 존재하긴 하지만, 그렇다고 하더라도 덴마크의 크리스마스가 독일, 프랑스, 또는 영국의 크리스마스와 특별히 크게 다른 것은 아니다.

그래도 덴마크 크리스마스의 다른 점을 꼽는다면, 덴마크에서는 늘 휘게를 기준으로 크리스마스를 준비하고 또 평가한다는 점이다. 크리스마스 시즌에 덴마크 사람들은 그 어느 때보다 휘게에 대해 더 자주 언급한다. 휘게라는 말은 그야말로 시도 때도 없이 언급된다. 그리고 물론 크리스마스 휘게라는 뜻의 덴마크어 합성어 율레휘게(julehygge)도 자주 언급된다. 이 합성어는 동사로도 사용되고 형용사로도 사용된다. "율레

휘게하러 놀러오지 않을래?"

그렇다면 이제부터 휘겔리한 크리스마스, 즉 완벽한 덴마크식 크리스마스 준비 과정에 대해서 간략히 소개하고자 한다. 이는 사실 버거운 일이다. 자기만의 고유한 크리스마스 전통을 매우 소중하게 여기는 덴마크 사람들은 이제부터 언급하는 크리스마스 준비물에 전적으로 동의하지 않을 가능성이 높다. 그러나 적어도 한두 가지에는 고개를 끄덕일 것이다.

매년 12월 말이 되면 덴마크에서는 대이동이 벌어진다. 코펜하겐에 사는 덴마크 다른 지역 출신의 사람들이 짐과 선물을 잔뜩 싸서 고향으로 향하는 기차에 몸을 싣기 때문이다.

휘겔리한 크리스마스는 가족, 친구와 함께 시작되고 또 마무리된다. 그들과 함께 있으면 우리는 안정과 편안함을 느낀다. 그들은 우리에 대해 잘 알고 또한 우리는 그들을 사랑하기 때문에 그들과 함께 보내는 시간은 즐겁다. 재차 강조하지만, 대인관계는 우리의 정신 건강을 예측할 수 있는 최고의 변수다.

평소에 사랑하는 사람들을 자주 만나기가 어려운 사람들이 많다. 크리스마스는 이를 만회할 수 있는 기회가 되어준다. 맛있는 음식이 놓인 식탁에 둘러앉아 함께하는 기쁨을 느낄 수 있는 기회인 것이다. 이것이 바로 휘겔리한 크리스마스를 위한 가장 중요한 요건이다. 전 세계 사람들이 매년 크리스마스가 되면 이와 똑같은 일을 하지만, 오직 덴마크 사람들만이 누군가가 '휘겔리하다'라고 확인을 시켜주어야만 다같이 안도의 한숨을 쉰다. 그 순간이라야 손님과 주인 모두 크리스마스가 왔음을, 진정한 휘게가 실현되었음을 실감한다.

그러나 친구와 가족만으로 휘겔리한 크리스마스가 완성되지는 않

는다. 친구와 가족을 만나는 일은 사실 일 년 중 어느 때라도 할 수 있는
일이기 때문이다.

휘게의 정점,
크리스마스

덴마크에는 이런 말이 있다. "좋지 않은 날씨란 없다. 좋지 않은 옷만이 있을 뿐이다." 그러나 솔직히 덴마크의 날씨에 관해서라면 딱히 우호적은 말을 하기가 어렵다.

덴마크 날씨를 두고 어떤 이들은 어둡고 바람이 많이 불며 습하다고 하고, 또 어떤 이들은 덴마크는 두 개의 겨울로 이뤄져 있는데 하나는 그나마 초록빛 나뭇잎을 볼 수 있는 겨울이고 하나는 그마저도 볼 수 없는 회색빛 겨울이라고 말하기도 한다.

이런 날씨를 고려하면 덴마크 사람들이 겨울 동안 실내에서 많은 시간을 보내는 것도 그리 놀라운 일이 아니다.

덴마크 사람들은 여름이 오면 어떻게든 햇빛을 조금이라도 더 쬐어보려고 가능한 한 야외에서 긴 시간을 보내지만, 11월부터 3월까지는 선택의 여지가 없이 실내에 있어야 한다. 덴마크 사람들은 스웨덴이나 노르웨이 사람들처럼 겨울 스포츠를 즐길 기회나 남부 유럽 사람들

처럼 겨울철에 야외에서 활동할 수 있는 여지가 없기 때문에, 그들이 할 수 있는 일이라고는 오직 실내에서 휘게하는 것뿐이다. 그래서 행복연구소가 수행한 연구 결과에도 나오듯이 휘게의 한창은 가을과 겨울이 된다.

그중에서도 휘게의 정점을 찍는 것이 바로 크리스마스다. 크리스마스라는 연중 최고의 휘게의 날이 다가오면 덴마크 사람들은 카운트다운을 시작한다. 덴마크의 어린이들은 덴마크식 크리스마스 양초인 재림절 양초를 태운다. 이것은 12월 1일부터 크리스마스 전날인 24일까지를 나타내는 스물네 개의 선이 줄자의 눈금처럼 표시되어 있는 양초다. 뿐만 아니라 날짜마다 여러 가지 크리스마스 상징물이나 무늬가 그려진 재림절 달력을 매일 한 장씩 넘기며 크리스마스를 기다린다.

조그만 크리스마스 장식 구슬이나 사탕이 들어 있는 나무상자로 만들어진 조금 더 사치스러운 형태의 재림절 달력도 있다. 심지어 어떤 가정은 선물 달력을 마련해서 아이들이 진짜 선물을 받게 될 크리스마스가 다가올 때까지 매일 작은 선물을 하나씩 주기도 한다.

그런가 하면 TV 달력도 있다. 이것은 아이들이 크리스마스라는 중요한 날을 참을성 있게 기다릴 수 있도록 휘겔리한 볼거리를 제공하는 TV 프로그램이다. 매년 수많은 TV 채널들은 24개의 에피소드로 이뤄진 크리스마스 이야기 프로그램인 율레칼레너(julekalender)를 제작해 크리스마스이브까지 방송하기 때문에, 크리스마스 준비로 어른들이 분주한 동안 아이들은 TV를 볼 수 있다.

이런 프로그램들에서는 크리스마스가 정말로 휘게를 위한 시간임을 강조하는데, 가장 자주 등장하는 캐릭터는 니쎄(nisse, 엘프 또는 놈(gnome) 요정)인 룬테(Lunte)다. 룬테는 사람들에게 '휘게헤이사(Hyggehejsa, hyggehello)'라고 인사를 건넨다. 매년 새로운 TV 달력 프로그램이 제작될 뿐만 아니라 예전에 방송되었던 프로그램들도 늘 재방송된다. 아이들이 TV를 보며 웃고 떠드는 동안, 어른들은 흘낏 넘겨본 TV 화면에서 어릴 때 봤던 장면임을 알아채고 추억에 잠겨 미소 짓는다.

아무리 휘겔리한 크리스마스라도 크리스마스 장식이 없다면 완성되지 않는다. 크리스마스 장식은 집안마다 대대로 전해져 내려오는 방식이 제각각이다. 그러나 보통 니쎄, 동물, 산타클로스, 코넷(트럼펫과 비슷하게 생긴 금관 악기-옮긴이), 하트 모양의 장식품은 어느 집에서나 빠지지 않는다.

종이로 엮은 하트 모양 장식은 거의 덴마크에서만 볼 수 있는 것으로, 종이 공예에 일가견이 있던 한스 크리스티안 안데르센이 처음 만든 것으로 알려져 있다. 안데르센이 만든 종이 하트 장식은 박물관에 전시되어 있다. 종이 하트를 만들 때는 마름모꼴로 된 두 개의 종이를 두 겹으로 서로 엮어서 하트 모양으로 만들면 된다. 다양한 색과 무늬로 만들어지며, 모든 덴마크 사람들이 적어도 단순한 형태의 하트 모양을 엮을 줄 안다.

물론 양초도 있다. 12월에는 집에서 오랜 시간을 보낼 수밖에 없기 때문에 조명이 특히 중요하다. 사람들은 날마다 양초를 태우지만 재림절 양초는 아무도 혼자 있을 때 태우지 않는다. 아침에 식구들이 학교나 회사에 가기 위해 준비를 하는 동안, 또는 다시 어둠이 찾아온 저녁에 온 가족이 함께 식사를 하는 동안에만 태운다. 달력 양초는 12월 동안 이렇게 가족의 생활에 중심이 된다. 게다가 달력 양초는 크리스마스까지 날짜를 세는 것을 좋아하는 덴마크 사람들의 욕구를 충족시켜주기도 한다.

크리스마스를 앞두고 트리 장식으로 종이 하트를 만들기도 한다. 20세기 초에 크리스마스 하트를 만드는 것이 본격적으로 유행하기 시작했는데, 종이접기가 아이들의 소근육 발달에 도움이 되는 것으로 알려졌기 때문인 것 같다. 오늘날에도 12월이 되면 아이들이 있는 가정에서는 크리스마스 하트를 만들면서 일요일 오후를 보낸다.

크리스마스 하트 만들기

준비물 | 두 가지 색의 색종이(여기서는 빨간색과 파란색), 가위, 연필, 인내심 약간

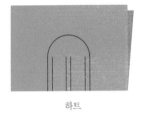

하트

하트

1

색종이를 반으로 접는다. (한 면에만 색이 있는 종이라면, 색이 있는 면을 겉으로 해서 접는다.) 각각의 접은 종이 위에 연필로 U자 모양을 그린다. 가위질을 할 4줄의 선도 그린다. 뒤집어진 U자의 양 끝부분이 종이의 접힌 부분에 맞닿아야 한다. 종이의 접은 자리는 자르지 않는다.

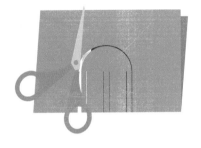

접히는 선은 자르지 말 것.

2

가위로 U자 모양을 오려낸다. 4줄의 선도 자른다. 이제 두 가지 색의 U자 모양의 종이가 마련되었다. 오려낸 각각의 종이는 두 겹으로 되어 있고 각각 날개 다섯 개씩을 갖는다.

3

종이를 엮을 때 해야 할 일은 두 가지다. 파란색 종이의 날개를 빨간색 종이의 날개들에 꿰거나, 빨간색 종이의 날개를 파란색 종이의 날개들에 꿰거나. 인접한 날개들은 서로 교차하도록 한다. 즉 하나의 날개를 다른 종이의 날개에 꿰었다면, 그와 인접한 날개는 다른 종이의 날개에 의해 꿰어야 한다. 하트를 엮으려면, 파란색 종이의 날개 1을 붉은색 종이의 날개 E의 한가운데로 꿰어 넣는다. 날개 D를 날개 1로 꿰어 넣고, 날개 1을 날개 C로 꿰어 넣고, 날개 B를 날개 1로 꿰어 넣고, 날개 1을 날개 A로 꿰어 넣는다.

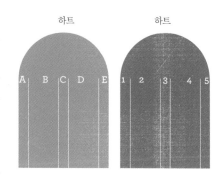

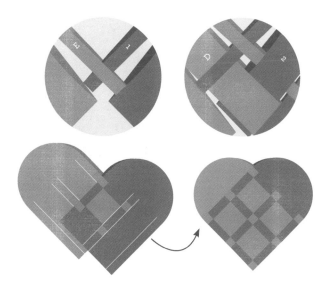

날개 2로부터 시작해서 이 과정을 반복한다. 대신 거꾸로 날개 E를 날개 2로 꿰는 것으로 시작한다. 그런 다음 날개 3은 날개 1과 같은 방식으로, 날개 4는 날개 2와 같은 방식으로, 날개 5는 날개 3이나 1과 같은 방식으로 꿴다. 날개 5가 날개 A에 꿰어지면 하트는 완성된다. 이제 덴마크 사람 다 됐구려!

휘 게 를 위 한
행 복 한 수 고 로 움

'덴마크식 크리스마스를 준비하기 위해 필요한 것들이 이렇게나 많다니!' 읽으면서 숨이 가빠지는 독자들도 있을 것이다. 충분히 이해한다. 실제로 덴마크 사람들도 크리스마스 휘게를 준비하면서 부담감을 느끼기도 한다.

만약 크리스마스 동안 휘게를 느끼지 못한다면, 뭔가 잘못된 것이다. 그렇다면 그 해 크리스마스는 실패작이 된 것으로 여겨진다.

크리스마스 휘게를 준비하는 과정은 종종 스트레스를 유발한다. 이는 그다지 휘겔리하지 않은 일이다. 얼핏 모순으로 보일지 모르지만 실은 당연한 일이다. 휘게는 휘게가 아닌 것과 나란히 있을 때만이 가능한 것이기 때문이다. 휘게는 일상생활에서 휘겔리하지 않은 모든 것에 대한 대안이 되어야 한다. 잠깐 동안일지라도 휘게는 휘겔리하지 않은 것으로부터 우리를 보호한다. 휘게를 더욱 값지게 만드는 것은 어쩌면 반-휘게인지도 모른다.

살아가는 것은 힘든 일이다. 위험하고 부당한 일로 여겨지기도 한다. 삶은 돈과 사회적 지위를 중심으로 구축된다. 그러나 휘게의 순간에 삶은 이런 것들과 전혀 상관없는 것이 된다.

바깥에서 폭풍이 휘몰아치고 있다면 더욱 휘겔리할 것이라던 내 친구의 말을 기억하는가? 바로 그게 휘게다. 바깥세상의 거친 현실과 대조적이면 대조적일수록 그 순간은 더욱 소중한 시간으로 다가온다.

따라서 그 모든 부산스러운 소동 없이는 크리스마스 휘게를 얻을 수 없다. 크리스마스를 준비하는 동안 소모되는 비용과 시간, 스트레스, 수고로움 덕분에 휘게가 가능해지는 것이다. 휘게는 이렇게 잠시 미뤄졌다가 달성된다. 12월 내내 가족들이 한자리에 모이기 위해서, 그리고 일, 돈, 그 밖의 모든 세속적인 것들로부터 눈길을 거두기 위해 열심히 노력했다는 사실 덕분에 휘게가 더욱 의미 있는 것이 된다.

이 모든 노력들은 그 자체로 휘겔리하다. 그러나 그것들이 중요한 진짜 이유는 예로부터 전해 내려온 전통이기 때문이다. 휘게에 있어서 전통은 중요하다. 전통은 가족, 친구들과 보냈던 과거의 즐거운 추억을 떠올리게 한다. 우리는 우리 삶의 일부가 된 이런 물건들과 활동들 속에 크리스마스나 휘게가 숨겨져 있다고 느낀다. 그것들이 없다면 뭔가 허전할 것이다. 크리스마스가 크리스마스 같지 않을 것이다.

그러나 이렇게 어렵게 성취한 휘게를 위태롭게 하는 순간들이 있다. 휘게는 일상적인 관심사인 돈으로부터 잠시 멀어져야 하는 순간인데, 선물을 주고받는 일만큼은 늘 이 순수한 휘게를 위협한다.

누군가는 선물을 주고받는 과정에서 다른 이들과의 사회적 지위의 차이를 느끼고 불편해할 수도 있다. 너무 큰 선물을 받으면 마치 빚을 진 듯한 기분을 느끼게 되고, 반대로 너무 큰 선물을 주면 자신의 우월

한 지위를 내세우는 것으로 비춰져 상대방으로부터 못마땅한 눈초리를
사기도 한다. 자신의 재력이나 지위를 드러내 보이는 일은 환영받지 못
한다. 덴마크의 크리스마스 휘게는 평등주의를 기반으로 하기 때문이
다. 휘게는 관계를 다지고 유대감을 형성하기 위한 것이지, 개인을 돋보
이게 하기 위한 것이 아니다. 만약 구성원 중 누군가가 소외감 또는 우
월감을 느낀다면 휘게는 불가능하다.

　최고의 크리스마스는 이 장에 소개한 모든 것들을 갖추고, 또한 주
고받는 선물에 균형을 맞춤으로써 선물 교환에 따르는 위험 요소를 제
거한 크리스마스라고 할 수 있다. 다행히도 일단 선물 교환식이 끝나면
새해 전날까지는 휘겔리한 휴식의 날들이 이어진다. 물론 새해 전날에
는 더 많은 준비를 하느라 다시 휘게가 희생되긴 하지만 말이다.

삶 이 수 월 해 지 는
여 름 휘 게

여름이 오면 양초나 벽난로를 사용하지 않지만 그렇더라도 휘겔리할 수 있다. 여름에는 갓 깎은 잔디의 싱그러운 냄새, 볕에 그을린 피부, 햇살이 부서지는 바닷가가 우리를 설레게 한다.

여름에는 나무 그늘에 앉아 책을 읽을 수 있고, 환한 여름밤에 친구들과 함께 바비큐 파티를 즐길 수 있다. 여름이라고 해서 휘게를 누릴 수 없는 것은 아니다. 가을이나 겨울과는 조금 다른 종류의 휘게를 누린다는 차이점이 있을 뿐이다. 아늑하고 따뜻한 분위기 조성에 많은 공을 들였던 겨울 휘게와 달리 여름 휘게는 태양과 따뜻한 날씨, 자연을 중점적으로 활용한다. 물론 좋은 사람들과 좋은 음식을 함께 나눈다는 점은 다를 바가 없다.

아름다운 여름 휘게를 위한 다섯 가지 활동을 제안한다.

과수원 체험

과수원에서 과일을 따면서 하루를 보내는 것보다 더 휘겔리한 일은 별로 없다. 1년에 한 번 정도, 나는 친구들과 함께 사과로 유명한 덴마크 남부의 작은 섬 페예(Fejø)로 간다. 이 섬에는 사과나무와 자두나무가 많다. 늦여름이면 오팔 자두(Opal plum)가 무르익고, 필리파 사과(Filippa apple)도 딸 수 있다.

과수원에서 하루를 보내고 나면, 이번에는 직접 딴 과일로 잼을 만들거나 다른 방식으로 과일을 저장하면서 하루 더 휘게할 수 있다. 올해는 사과주나 사과주스를 한 번 만들어볼 계획이다. 어쩌면 뒤이어 언급할 팬트리 파티(pantry party, 팬트리는 주방에 딸린 식료품 창고를 이르는 말로, 팬트리 파티는 팬트리를 채울 잼이나 소스 등을 함께 만드는 파티-옮긴이)를 여는 게 좋을지도 모르겠다.

영국과 미국, 캐나다, 호주, 뉴질랜드의 시골 지역 곳곳에는 손수 과일을 따서 구입할 수 있는 'PYO(pick your own)' 농장이 많다. 여름 과일이 한창 무르익은 때에 사랑하는 사람들과 과수원의 신선한 기운을 함께 누리는 휘게를 경험해보자.

바비큐 파티

바비큐 그릴에 불을 붙이는 것만큼 빠르게 휘게를 불러일으킬 수 있는 것도 없다. 이는 전 세계적으로 행해지는 휘게다. 친구와 가족을 초대해서 준비한 재료들을 함께 구워보자. 불을 지피고 적당한 온도로 달아오르기를 기다리는 동안 크로케(croquet, 나무망치로 공을 쳐서 기둥 문인 후프를 통과시키는 구기 종목-옮긴이)나 전통 바이킹 게임 쿱(Kubb)을 해보자. 쿱은 막대기로 다른 막대기를 치는 놀이다.

공공 텃밭 조성하기

요즘 여기저기서 공공 텃밭이 많이 생기고 있다. 이건 그럴만한 이유가 있다. 작은 시골마을의 휘겔리한 분위기를 도시에 그대로 옮길 수 있는 좋은 방법이기 때문이다. 텃밭을 돌보는 이웃과 담소를 나누며 토마토를 가꾸는 일은 휘겔리하기도 하고 사색적이기도 하다. 공공 텃밭은 동네 이웃과의 교류를 증대시키고 공동체의식을 길러준다. 찬성하지 않을 이유가 없지 않을까?

공공 텃밭은 행복연구소가 코펜하겐 외곽의 어느 마을에 대해 연구를 하는 동안 제안했던 것이기도 하다. 사회 관계망을 구축하여 주민들의 고립감과 외로움을 줄일 수 있는 방안을 찾는 것이 당시의 목표였다. 그때 나는 우리 연구소 사람들을 위한 공공 텃밭도 하나 있으면 좋겠다는 생각을 하게 되었다. 우리는 그 아이디어를 실행에 옮겼다. 사무실 바로 길 건너편에 교회가 하나 있는데 거기에 약 20개의 화단을 놓을 수

있는 크기의 남는 땅이 있었다. 우리는 7톤의 흙을 주문한 뒤 어느 일요일 오후에 거기에 텃밭을 만들었다. 물론 휘게로 마무리 짓기 위해 그날은 바비큐 파티로 하루를 마감했다.

바닷가 소풍

여름은 농산물 시장에 가서 딸기와 체리, 수박을 사다가 장바구니에 담기에 좋은 계절이다. 장바구니에 빵과 치즈까지 넣었다면 이제 소풍을 떠날 준비가 된 것이다. 친구 여러 명이 함께 또는 특별한 단 한 사람과 함께 바닷가에 가서 자리를 잡고 앉는다. 이는 여름에 할 수 있는 가장 휘겔리한 일이다. 이야기를 주고받거나 책을 읽거나 그저 아무것도 하지 않고 누워 있다 보면 휘게한 하루가 금세 지나간다.

카고 바이크 CARGO BIKE AROUND

자전거를 타고 동네 한 바퀴를 도는 것보다 도시를 체험할 수 있는 더 좋은 방법이 또 있을까? 물론 내가 덴마크 출신이기에 자전거에 대해서 이처럼 편파적인 것인지도 모른다. 만일 운이 좋아서 카고 바이크를 소유하고 있는 사람을 알고 있다면 하루 빌려보자. 그리고 카고 바이크의 수레에 아이들이나 배우자나 부모님, 친구, 개 등을 태우고 달려보자. 수레에 싣는 인원은 최대 2명으로 제한하는 것이 좋다. 물론 걷거나 자동차로 동네를 돌아보는 것도 좋지만, 카고 바이크가 더 좋은 이유는 그것이 움직이는 휘게의 요새이기 때문이다.

베개와 담요, 달콤한 간식, 음악, 소풍 바구니, 갖고 가고 싶은 것은 뭐든 챙기자. 카고 바이크 타기는 여름날 오후를 보내는 완벽한 방법이다. 그러나 따뜻한 담요와 좋은 스웨터만 추가로 챙긴다면 연중 언제든 가능한 활동이기도 하다. 사실 나는 한겨울에 구애를 하려는 목적으로 아름다운 스웨덴 여성을 카고 바이크에 태우고 코펜하겐의 크리스마스 조명 장식 아래를 달린 적이 있다. 아쉽게도 목적을 달성하지는 못했다. 그녀는 '적절한 시기가 아니다'(실은 '당신이 별로 마음에 들지 않는다'라는 뜻이겠지만)라고 말했지만, 그날 데이트에 휘게가 부족해서 실패했다고 생각하지는 않는다.

소박하지만 따뜻하고 편안한

휘게 활동

그렇다면 지금까지 설명해온 '휘게'를 덴마크 사람들은 어떻게 즐기고 있을까? 그 실제적인 방법들에 대해 고민해봤다. 앞서 언급했듯이 사치스럽고 화려한 건 휘게가 아니다. 그렇다면 저렴한 방법으로도 즐길 수 있는 '휘게 활동'에는 어떤 것들이 있을까?

덴마크인들이 실제로 즐기고 있는 활동들 10가지를 살펴보자.

보드게임

우리는 실시간으로 영화나 해외 드라마를 섭렵할 수 있는 사이트나 한 번 시작하면 멈출 수 없는 스마트폰 게임과 같은 각종 전자 엔터테인 먼트가 끊임없이 공급되는 시대에 살고 있다. 사람들은 서로 어울려 노는 대신 각자의 스마트폰에 빠져 시간을 보낸다. 그러나 보드게임은 여전히 인기다. 이는 부분적으로는 휘게 때문이라고 할 수 있다. 내 친구 마틴은 매년 한차례 오래된 보드게임인 액시스 앤 얼라이어스(Axis and allies)를 하는 자리를 마련한다. 2차 세계대전을 배경으로 한 이 게임은 기본적으로 보드게임 리스크(Risk)와 비슷하지만 그보다 조금 더 복잡하다. 게임이 보통 14시간 정도 지속되기 때문에, 마틴은 이해심 많은 그의 여자 친구는 홀로 남겨두고 오곤 한다. 우리는 단순히 게임에만 몰두하는 것이 아니라 바그너나 베토벤 같은 클래식 음악을 듣고 시가도 피우면서 마음껏 흐트러지곤 한다. 다소 극단적인 수준으로 흐트러지기

도 하지만, 모든 것은 휘게를 위해서다.

그렇다면 보드게임은 왜 휘게인 것일까? 우선, 그것은 사교적인 활동이다. 혼자가 아닌 함께 게임을 하기 때문에 모두가 함께 돌아볼 수 있는 추억을 만들어주고 유대감이 형성된다. 우리는 2012년 모임의 게임에서 모스크바가 갑자기 함락되었던 그 순간을 지금도 기억한다. 또한 모노폴리와 트리비얼 퍼슈트(Trivial Pursuit)를 하면서 성장한 우리들은 보드게임을 하면서 향수를 느끼고 삶이 더 단순했던 시절로 돌아가게 된다. 보드게임은 느리고(특히 14시간 걸리는 게임이라면), 가상의 공간에서 즐기는 것이 아니라 손으로 직접 조작하면서 즐기는 것이라서 휘겔리한 태도를 갖게 해주는 활동이라고 할 수 있다.

팬트리 파티 Pantry party

나는 팬트리 파티를 무척 좋아한다. 친구들을 초대해 함께 요리하면서 휘게를 즐겨보자. 방법은 간단하다. 각자 팬트리(또는 냉장고)에 보관할 잼이나 소스를 만들기 위한 재료들을 가져온다. 딸기잼이나 피클 소스, 홈메이드 케첩, 치킨 육수, 레몬 담금주인 리몬첼로(limoncello, 이탈리아 남부지방에서 생산되는 레몬 리큐어-옮긴이), 호박 수프, 그 밖에 어떤 것이든 좋다. 또한 만든 것들을 저장할 수 있는 넉넉한 크기의 단지나 통, 병, 그릇도 각자 챙겨온다.

이 파티의 장점은 다양한 맛을 즐길 수 있다는 점이다. 10인분의 호박 수프를 만들어 다함께 나눠먹는 대신 망고 처트니, 진저비어, 고추 절임, 바바 가누쉬(가지를 주재료로 한 딥-옮긴이), 사워도우 빵, 자두 잼, 엘더플라워 코디얼, 호두 맛 아크바비트(akvavit, 스칸디나비아 증류쥬-옮긴이), 라즈베리 셔벗을 모두가 조금씩 맛볼 수 있다. 냠냠.

TV 시청

나는 친한 친구 한 명과 미국 드라마인 '왕좌의 게임'을 함께 시청하고 있다(지금은 시즌 3을 보는 중이니 시즌 3에서 누가 죽는지 제발 입을 닫아주길 바란다). 우리는 2주에 한 번씩 만나 에피소드 두 편씩을 본다. 그 이상은 보지 않는다. 요즘 같은 시대에 마음에 드는 프로그램의 시즌 전체를 한 자리에서 연달아 감상하지 않는 것은 마치 아미쉬파(현대 기술 문명을 거부하고 소박한 농경생활을 하는 미국의 한 종교 집단-옮긴이) 같은 행동이라는 것을 잘 안다.

그러나 이렇게 띄엄띄엄 프로그램을 시청하는 데는 이점이 있다. 첫째, TV 시청이 예전에 그랬던 것처럼 좀 더 사교적인 활동이 된다. 둘째, 정기적으로 뭔가를 기다리는 데서 기대감을 느끼게 된다. 그러니 앉은 자리에서 밤새 드라마 '정주행'을 해왔던 이들이라면 이제 친구를 불러서 매주 특정 TV 프로그램을 한 편씩 함께 시청해보자.

건물 공용 계단참에 작은 도서관 꾸미기

살고 있는 건물의 공용 공간에 작은 도서관을 꾸미면 휘겔리하다. 큰 비용을 들일 필요도 없고 효과도 오랫동안 지속되니 더욱 좋다. 함께 사는 이웃의 허가를 받은 후 낡은 서랍장이나 선반을 구해서 계단참에 놓는다. 그 위에 이미 읽은 책들을 몇 권 꽂아 놓는다. 그런 다음, 책 한 권을 가져갈 때마다 다른 책 한 권을 채워 놓아야 한다는 원칙을 공지한다. 집에 돌아올 때마다 계단참에 놓인 책들이 반겨주니 퇴근하는 일이 더욱 휘겔리해진다. 꽂아두었던 책이 다른 책으로 바뀌었는지 살피는 재미도 있다. 또한 같은 건물에 사는 사람들 사이에 더욱 활발하게 상호작용이 일어나는 장점도 있다.

쇠구슬놀이

친구들 중 적어도 한 명은 꼭 쇠구슬 불(boules, 쇠구슬을 이용한 프랑스의 공굴리기 놀이-옮긴이) 공 세트를 갖고 있게 마련이다. 불놀이는 파스티스 (pastis, 프랑스의 식전주-옮긴이)(아직 마셔본 적이 없다면 추천한다)를 마실 수 있는 그럴듯한 핑계거리가 되어줄 뿐만 아니라, 친구나 가족과 함께 시간을 보내기에 아주 좋은 방법이기도 하다. 경기는 엄격한 규칙이 없이 느릿하게 진행되기 때문에 경기 도중 대화를 나누기에도 좋고 또 대화를 나누면서도 구경거리가 있으니 좋다. 경기장으로 쓰기에 적당한 공간이 있는 공원을 찾아서 담요와 소풍 바구니를 싸들고 쇠구슬놀이를 하러 가자.

모닥불 피우기

모닥불은 휘게 방정식에서 빠질 수 없는 변수이며, 모닥불에 뭔가를 굽는 일도 그러하다. 모닥불 주위에 있으면 장작 타는 소리 때문에 일부러 대화를 지속해야 할 필요성이 사라지고 어쩐지 함께 있다는 느낌은 더욱 강렬해진다. 마침내 불이 잔잔하게 사그라지면, 곧은 나무 막대기 하나를 구해서 나무껍질을 제거하고 거기에 빵 반죽을 단단하게 휘감은 다음 은은한 모닥불 위에 올려 굽는다.

불 주위로 바짝 다가가 앉은 사람들은 연기가 방향을 바꿀 때마다 조금씩 자리를 이동한다. 연기 때문에 눈이 따끔거리고, 열기 때문에 손이 쓰리고, 빵은 겉만 까맣게 탔을 뿐 속은 구워지지 않았을지라도, 이보다 더 휘겔리한 일은 없다. 군밤이나 고구마, 마시멜로를 구워먹어 보는 것도 추천한다.

야외 영화

여름이 되면 여러 도시에서 야외 영화 상영회가 열린다. 코펜하겐에서는 주로 8월에 열리는데, 6월이나 7월에는 저녁이 되어도 밖이 너무 환해서 야외에서 영화를 볼 수가 없기 때문이다. 대개 소리는 잘 들리지 않고, 바닥에서 오랜 시간 불편한 자세로 앉아 있어야 하며, 또 작은 의자를 가져와 앉는 사람들이 간혹 시야를 가리는 일도 발생하지만, 야외에서 영화를 감상하는 일은 매우 휘겔리하다. 나는 야외 영화 상영회가 열리면 친구들과 함께 텐트를 치고 준비해간 음식과 와인을 맛보면서 영화가 시작되기를 기다린다.

교환 파티

2년 전부터 이베이에 중고로 내다 팔려고 별러온 램프가 여전히 지하실에 있다면? 파트너와 함께 살게 된 이후로 불필요하게 된 믹서가 있다면? 그런 불필요한 물건들은 필요한 다른 물건과 맞바꾸면 좋다. 이건 매우 휘겔리한 저녁 시간을 보낼 수 있는 방법이기도 하다. 친구나 가족을 초대해 교환 파티(Swap party)를 열어보자.

각자 더 이상 사용하지는 않지만 누군가에게는 유용할 수도 있는 물건을 가지고 와서 교환한다. 경제적이고 환경 친화적일 뿐만 아니라, 옷장이나 찬장, 지하실에 쌓여 있는 물건들을 처치할 수 있는 좋은 기회이기도 하다. 게다가 벼룩시장에 내다 팔거나 온라인에 중고 상품 광고를 올리기 위해 소중한 주말을 낭비하는 것보다는 친구들과 만나 물건을 교환하는 일이 더 손쉽고 재미있다.

썰 매 타 기

겨울에는 집안에 갇혀 있는 듯한 답답함을 느끼기 쉽다. 물론 차 한 잔을 마시며 책을 읽는 일은 매우 휘겔리한 일이긴 하지만, 밖에서 하루를 보낸 후라면 더욱 휘겔리하게 느껴질 것이다. 사람들을 몇 명 모아서 눈 쌓인 언덕으로 향하자. 지하실에 보관해둔 아름다운 목재 썰매를 소유하고 있다면 더할 나위 없겠지만, 그렇지 않더라도 상관없다. 튼튼한 플라스틱 가방을 타고 언덕을 내달리면 된다. 썰매타기는 공짜일 뿐만 아니라 신난다. 따뜻한 차와 멀드 와인을 넣은 겨울용 소풍 바구니도 빠뜨리지 말자. 단 음주 썰매타기는 안 된다.

놀 이

위에 소개한 몇 가지 활동 가운데 썰매타기나 보드게임 같은 것은 여러 면에서 하나의 범주에 속한다고 할 수 있다. 바로 놀이라는 범주다. 우리는 어렸을 때는 놀이를 사랑하지만 어째서인지 어른이 되면 놀이를 그만둔다. 어른이 되면 삶의 이런저런 문제들을 처리하느라 스트레스를 받고 바쁜 게 당연하다고 생각하기 때문이다. 그러나 프린스턴 대학교의 경제와 사회 문제(Economics and Public Affairs)학과 앨런 크루거(Alan Krueger) 교수가 이끄는 팀의 연구 결과에 따르면, 우리는 여가활동을 할 때 가장 큰 행복을 느낀다.

어른들의 문제점은 어떤 활동을 할 때 그 결과와 목적에 너무 연연한다는 점이다. 우리는 돈을 벌려는 목적으로 일을 하고, 몸무게를 줄이려는 목적으로 헬스클럽에 가며, 인간관계를 확장하고 출세하려는 목적으로 사람들을 만난다.

그저 재미있기 때문에 뭔가를 하던 시절은 어디로 갔을까? 재미있게 놀았던 기억 자체가 너무 오래 되었다면 '공부만 하고 놀지 않으면 바보가 된다(All work and no play makes Jack a dull boy)'는 속담을 떠올려보자. 이번 장의 마지막에 소개된 프린스턴 감정과 시간 설문조사에서 확인할 수 있듯이 사람들은 체육 활동이나 하이킹, 파티, 아이들과 노는 것과 같은 사교적 활동을 할 때 큰 행복을 느낀다.

코 펜 하 겐 에 서   즐 기 는   휘 게   투 어

코펜하겐을 방문한다면 다음과 같은 휘겔리한 장소들을 찾아가보자.

니하운 Nyhavn (신 항구 New Harbour)

이곳은 한때 선원들과 매춘부들이 활동하던 와자지껄한 구역이었지만 오늘날은 청어절임과 독일 증류수인 슈납스(schnapps)를 파는 고급 레스토랑이 즐비한 곳이 되었다. 날씨가 좋다면 현지인들처럼 맥주 몇 병을 사들고 야외에 앉는 것도 좋다.

라 글라스 LA GLACE

이곳에서는 달콤한 크림의 맛에 빠져보자. 달콤한 크림으로 덮인 케이크는 우리 삶을 휘겔리하게 만들어준다. 만약 케이크를 위한 카미노 데 산티아고가 있다면, 라 글라스는 그 길 위의 성지인 산티아고 데 콤포스텔라 대성당쯤 될 것이다. 라 글라스는 1870년에 설립된, 덴마크에서 가장 오래된 과자 가게다.

티볼리 공원 TIVOLI GARDENS

1843년에 조성된 티볼리 공원은 코펜하겐의 대표적인 명소로 많은 시민이 연간 통행권을 구입해서 다니는 곳이다. 여름에도 많은 사람들이 찾지만, 휘게의 측면에서 볼 때 가장 좋은 방문 시기는 크리스마스 시즌이다(보통 11월 중순부터 1월까지).

이 시기에 공원에서는 눈부신 빛의 향연이 펼쳐진다. 수십만 개의 전구가 어두운 겨울 밤하늘을 밝히며 공원을 황홀한 장소로 바꿔준다. 공원 내 곳곳에 피워지는 모닥불 근처에서는 따뜻하고 달콤한 와인음료인 글뢰그를 마실 수도 있고, 공원 내 님브 바(Nimb bar)의 벽난로에서 몸을 녹일 수도 있다.

크리스티안스하운에서 배 젓기 CHRISTIANSHAVN

크리스티안스하운은 코펜하겐 도심부에 속하지만, 내항(Inner Harbor)에 의해 도심의 다른 부분과는 분리되어 있다. 운하가 있어 암스테르담이 연상되기도 하는 곳이다. 이 구역을 둘러보는 가장 좋은 방법은 운하에서 배를 타는 것이다. 담요와 와인, 소풍 바구니를 잊지 말고 챙겨가자.

그로브뢰드레 토르브 GRÅBRØDRE TORV

이 광장에 있는 오래된 집들을 보면 수세기 전으로 시간 여행을 떠나온 듯한 느낌이 든다. 이 휘겔리한 광장은 1238년에 설립된 그로브뢰드레(Gråbrødre, Grey Brothers) 수도원에서 그 이름을 따왔다. 이곳에는 아늑한 분위기의 레스토랑이 많다. 페데르 옥세(Peder Oxe)라는 레스토랑에 가면 벽난로 옆에 앉아 덴마크 사람들이 일상적으로 먹는 스뫼레브뢰를 맛볼 수 있다. 심지어 미용실 중에서도 벽난로(그리고 당신이 머리를 자르는 동안 당신의 무릎 위에 뛰어올라 잠이 들 프렌치 불독)가 있는 곳이 있다. 휘게에 필요한 모든 것이 갖춰진 곳이다. 운이 좋으면 광장에서 돼지 한 마리를 통째로 굽는 광경을 목격할 수도 있다.

뵈에너담스봐이 VÆRNEDAMSVEJ

뵈에너담스봐이에 들어선 자동차들은 자전거와 보행자들을 피해 지그재그로 느릿느릿 나아간다. 이 거리에서는 발걸음을 늦추고 가만히 꽃과 커피 향기를 음미하게 된다. 꽃가게, 카페, 와인바, 인테리어 디자인 상점들이 늘어선 이 조그만 거리는 게으르고 휘겔리한 오후를 보내기에 완벽한 곳이다.

스뫼레브뢰 음식점 A SMØRREBRØD PLACE

스뫼레브뢰는 호밀빵으로 만드는 오픈 샌드위치다. 스뫼레브뢰는 말 그대로 빵을 펼친다는 뜻이다. 덴마크 사람들은 호밀빵을 매우 좋아하여 외국에 나가면 가장 먼저 호밀빵을 그리워한다. 그러나 덴마크에 사는 외국인들은 이 빵을 악마의 신발 깔창이라고 부른다. 왜냐하면 너무 딱딱해서 씹기가 어렵고 맛이 없다고 생각하기 때문이다. 스뫼레브뢰는 모든 면에서 진정한 덴마크식 식사 경험이다. 스뫼레브뢰에 올릴 수 있는 식재료는 청어, 육회, 계란, 해산물 등 제약이 없다. '채식주의자의 야식'이라는 재미있는 이름을 한 스뫼레브뢰도 있다. 스뫼레브뢰는 보통 맥주나 슈납스와 함께 먹는다. 코펜하겐에는 오래된 스뫼레브뢰 음식점이 많다. 그런 곳에서 먹는 점심은 분명 휘게를 무르익게 할 것이다.

라이브러리 바 LIBRARY BAR

중앙기차역 근처 플라자 호텔(Plaza Hotel)에 있다. 1914년에 문을 연 곳이다. 소파, 목재로 된 벽, 가죽 제본된 책들, 그리고 진짜로 휘겔리한 조명으로 꾸며져 있다. 때때로 라이브 음악 공연이 열리기도 하지만, 조용할 때는 대화에 몰두하기에 제격인 곳이다. 크리스마스 시즌에 찾아가면 천장에 거꾸로 매달려 있는 크리스마스트리를 볼 수 있다.

프린스턴 감정과
시간 설문조사

이 연구에서 응답자 약 4,000명은 전날 했던 각각의 활동들로부터 느낀 행복함
의 정도를 0점부터 6점까지 점수로 매겼다. 높은 점수 순으로 소개해본다.

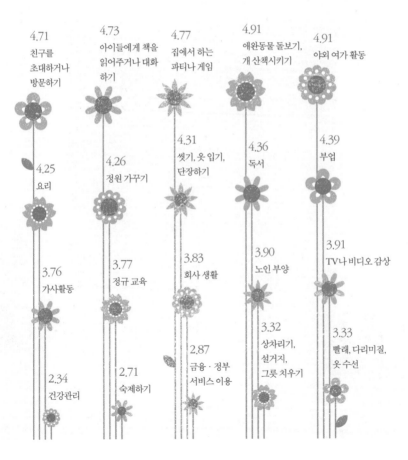

4.71
친구를
초대하거나
방문하기

4.25
요리

3.76
가사활동

2.34
건강관리

4.73
아이들에게 책을
읽어주거나 대화
하기

4.26
정원 가꾸기

3.77
정규 교육

2.71
숙제하기

4.77
집에서 하는
파티나 게임

4.31
씻기, 옷 입기,
단장하기

3.83
회사 생활

2.87
금융·정부
서비스 이용

4.91
애완동물 돌보기,
개 산책시키기

4.36
독서

3.90
노인 부양

3.32
상차리기,
설거지,
그릇 치우기

4.91
야외 여가 활동

4.39
부업

3.91
TV나 비디오 감상

3.33
빨래, 다리미질,
옷 수선

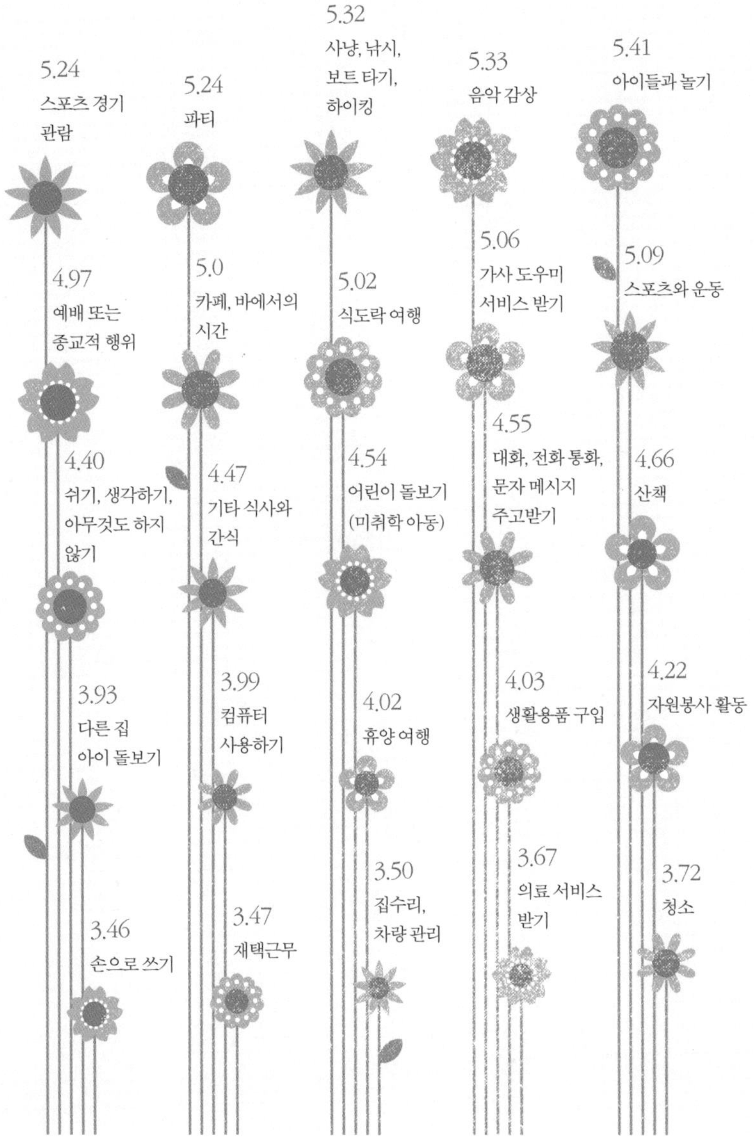

5.32
사냥, 낚시,
보트 타기,
하이킹

5.24
스포츠 경기
관람

5.24
파티

5.33
음악 감상

5.41
아이들과 놀기

4.97
예배 또는
종교적 행위

5.0
카페, 바에서의
시간

5.02
식도락 여행

5.06
가사 도우미
서비스 받기

5.09
스포츠와 운동

4.40
쉬기, 생각하기,
아무것도 하지
않기

4.47
기타 식사와
간식

4.54
어린이 돌보기
(미취학 아동)

4.55
대화, 전화 통화,
문자 메시지
주고받기

4.66
산책

3.93
다른 집
아이 돌보기

3.99
컴퓨터
사용하기

4.02
휴양 여행

4.03
생활용품 구입

4.22
자원봉사 활동

3.50
집수리,
차량 관리

3.67
의료 서비스
받기

3.72
청소

3.46
손으로 쓰기

3.47
재택근무

Hygge Life

5장

언제 어디서나 휘게 라이프

Hygge. hygge is a Danish word for which there is no English translation. The closest we can get is 'cosy' but *hygge* also means having a good time and fun in cosy surroundings. The concept of *hygge* is fundamental to the comfortable home and translates, in decor terms, into: a dominant fireplace and a comfy spot in all corners.

양 초 로
찰 나 의 휘 게 를 즐 긴 다

양초 없는 휘게는 팥 없는 팥빵이다. 덴마크 사람들에게 휘게하면 떠오르는 것이 무엇인지 묻는다면 거의 85퍼센트에 이르는 사람들이 양초라고 답할 것이다.

'분위기 깨는 사람'을 덴마크어로는 '촛불을 끄는 사람'이라는 뜻의 뤼세슬루케르(lyselukker)라고 부르는데, 이는 우연한 일이 아니다. 덴마크어로 '살아 있는 빛'이라는 뜻의 레베네 뤼스(levende lys), 즉 양초를 태우는 것은 가장 신속하게 휘게를 조성하는 방법이다. 덴마크 미국 대사 루푸스 기퍼드(Rufus Gifford)는 덴마크 사람들의 양초 사랑에 대해 이렇게 말했다. "양초는 거실에만 놓여 있지 않습니다. 어디에나 있죠. 학교 교실에도, 회사의 회의실에도요. 미국인이라면 아마 이렇게 생각할 겁니다. '불이 나면 어떡해! 아니 어떻게 교실에서 촛불을 켤 생각을 할 수 있지?' 하지만 그건 정서적 행복과 편안함을 위한 겁니다."

미국 대사의 휘게 이해는 대체로 옳다. 유럽양초협회(European Candle

Association)에 따르면, 덴마크는 유럽에서 1인당 가장 많은 양초를 켜는 나라다. 덴마크 사람들은 1인당 연간 약 6킬로그램의 양초를 태운다. 이 게 얼마나 많은 양인지 가늠하려면, 덴마크 사람들의 베이컨 섭취량이 1인당 연간 약 3킬로그램이라는 사실을 떠올리면 된다. (그렇다, 베이컨 소 비량이 엄청난 덴마크에서는 1인당 베이컨 섭취량을 기준으로 여러 가지를 측정한다.) 덴 마크의 양초 소비량은 가히 기록적이다. 덴마크는 연간 3.16킬로그램을 소비하며 1인당 양초 소비량 2위를 달리는 오스트리아보다 거의 두 배 에 달하는 양의 양초를 켠다. 게다가 덴마크에서 가장 오랜 역사를 자랑 하는 양초 제조사 ASP-홀름블라드(Asp-Holmblad)는 향초는 아예 취급조 차 하지 않는다. 덴마크 사람들은 향초를 인위적인 것으로 여기며, 유기 농 천연 초를 선호한다. 실제로 덴마크 사람들은 여느 유럽 사람들보다 유기농 제품을 더 많이 구매한다.

덴마크 주요 일간지의 한 설문조사에 따르면, 가을과 겨울 동안 덴마크 인구의 절반 이상이 거의 매일 양초를 켜며, 전혀 켜지 않는 사람들은 단 4퍼센트에 지나지 않는다. 12월에는 양초 소비량이 무려 3배로 치솟는데, 이 시기에는 크리스마스 무렵에만 켜지곤 하는 특별한 양초인 재림절 양초, 즉 칼레너뤼스(kalenderlys)를 볼 수 있기도 하다. 12월 1일부터 크리스마스 전날인 24일까지를 나타내는 스물네 개의 선이 표시되어 있는 재림절 양초는 세상에서 가장 느린 카운트다운 시계다.

양초를 켜는 또 다른 특별한 날로는 빛의 파티(light party)라는 뜻의 뤼스페스트(lysfest)가 있다. 1945년 5월 4일 저녁, BBC는 1940년부터 덴마크를 점령해온 독일군이 철수한다고 알렸다. 제2차 세계대전 당시 많은 나라가 그랬던 것처럼, 당시 덴마크 또한 적의 전투기가 불빛을 보고 찾아오는 것을 방지하기 위해서 등불을 모두 가리는 등화관제를 실시하고 있었다. 덴마크 사람들은 지금까지도 5월 4일 저녁이 되면 다시 불을 환히 밝힐 수 있게 된 이 날을 기념하기 위해 창가에 촛불을 켠다.

비록 양초가 휘겔리한 건 사실이지만, 한 가지 결정적인 단점이 있다. 바로 연기에 섞여 나오는 그을음이다. 양초 한 자루가 번화가의 차량들보다 미립자를 더욱 많이 방출한다는 연구 결과들도 있다.

덴마크건물연구소(Danish Building Research Institute)가 실시한 연구에 따르면, 촛불 연기에는 담배 연기나 요리할 때 발생되는 연기에 포함되어 있는 것보다도 더 많은 미립자가 포함되어 있다. 덴마크가 아무리 제도가 잘 정립되어 있는 나라라고 해도, 아직까지 양초에 경고문이 부착되어 있지는 않다. 휘게에 대한 사람들의 애착을 누구도 가로막으려 들지 않는 것이다. 그나마 요즘에는 양초를 켠 후에 방 안 공기를 환기시켜야 한다는 것을 많은 덴마크 사람들이 인식하고 있기는 하다.

덴마크 사람들의 양초사랑

덴마크 사람들이 양초를 켜는 횟수

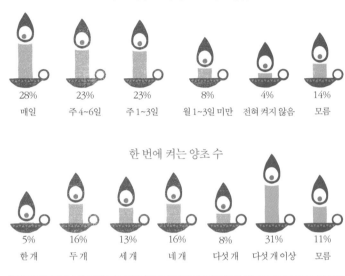

28%	23%	23%	8%	4%	14%
매일	주 4~6일	주 1~3일	월 1~3일 미만	전혀 켜지 않음	모름

한 번에 켜는 양초 수

5%	16%	13%	16%	8%	31%	11%
한 개	두 개	세 개	네 개	다섯 개	다섯 개 이상	모름

하지만 이렇게 건강에 해로울 수도 있다는 것을 알면서도 덴마크 사람들은 여전히 터무니없이 많은 양의 양초를 켜고 있다.

휘겔리한 조명으로
밝힌 공간

불을 밝히는 데 쓰이는 물건이 양초뿐인 것은 아니다. 덴마크 사람들은 조명을 매우 중요하게 생각한다. 나는 여자 친구와 함께 로마로 여행을 갔다가 휘겔리한 조명으로 꾸며진 식당을 찾으려고 두 시간을 걸어 다닌 적도 있다.

덴마크 사람들은 램프를 신중히 고른 후 그것을 전략적으로 배치해 따스한 느낌의 빛의 웅덩이를 만들어낸다. 그것은 하나의 예술양식일 뿐만 아니라, 과학이자 산업이기도 하다. 세계에서 가장 아름답다고 알려진 몇 가지 램프는 덴마크 디자인의 황금기 때 탄생되었다. 폴 헤닝센, 아르네 야콥센, 베르너 팬톤이 디자인한 램프들이 그 예다. 덴마크에서는 빠듯한 생활비로 살아가는 학생조차도 채 10평도 되지 않는 자신의 방 한 모퉁이에 1,000유로짜리(한화로 약 126만 원 정도) 베르너 팬톤 램프를 켜고 생활하는 것을 흔히 볼 수 있다.

개인적인 경험에 따르면, 빛의 온도가 낮을수록 더욱 휘겔리하다.

가령 카메라 플래시는 켈빈(K) 5,500도, 형광등은 켈빈 5,000도, 백열등
은 켈빈 3,000도인데 반해 노을빛과 장작불, 촛불은 켈빈 1,800도이다.
그러고 보면 휘게를 조성하기에 최적의 온도는 켈빈 1,800도라고 할 수
있다.

덴마크 사람들을 저녁식사에 초대한 다음 켈빈 5,000도 형광등 아
래 앉혀 보면, 흡사 뱀파이어가 햇빛을 받은 것과 같은 장면을 볼 수 있
다. 그들은 우선 눈을 가늘게 뜨고 천장에 달려 있는 고문 기구가 무엇
인지 뜯어볼 것이다. 그런 다음 식사가 시작되면 몸을 긁적거리거나 실
쭉거리는 근육을 억누르려고 애쓰며 매우 불편한 기색으로 꿈틀거릴
것이다.

덴마크 사람들이 조명을 중요하게 여기는 이유는 10월부터 3월까
지 자연광을 보기 어려운 덴마크의 자연조건 때문이다. 이 시기 동안 덴
마크에는 오로지 캄캄한 어둠만이 가득할 뿐이다. 덴마크의 여름은 아
름답다. 덴마크에 첫 여름 햇살이 내리쬐면, 덴마크 사람들은 마치 겨울
잠에서 깨어난 동물들처럼 너도나도 바깥으로 나와 햇볕을 쬔다.

나는 덴마크의 여름을 사랑한다. 여름은 내가 가장 좋아하는 계절이
기도 하다. 캄캄하고 추운 겨울과 눈 깜짝할 사이에 지나가버리는 여름
도 모자라서, 덴마크에는 연간 179일 동안이나 비가 내린다. 만약 미국
드라마 '왕좌의 게임' 팬이라면, 윈터펠의 도시를 떠올려보면 덴마크의
날씨가 어떨지 짐작할 수 있을 것이다.

이러한 사정으로 휘게는 오늘날의 수준으로까지 성숙하게 되었고,
마침내 덴마크의 문화와 민족적 정체성의 일부로 여겨지기에 이르렀
다. 휘게는 추적추적 비가 내리는 추운 겨울밤 두껍게 내려앉은 어둠에
대한 처방이다. 따라서 휘게는 겨울이 다가오면 생존을 위한 전략이 된

다고 할 수 있다. 덴마크 사람들이 휘게를 신봉하며 그칠 줄 모르고 휘게에 관해 이야기하는 데는 이런 배경이 있다.

코펜하겐에 있는 나의 아파트에서 내가 가장 좋아하는 장소는 주방 겸 식당 공간에 있는 창턱이다. 나는 널찍해서 올라가 앉아 있기 편안한 이 창턱에 베개와 담요를 얹어 멋진 휘게크로그(hyggekrog, 휘겔리한 시간을 보낼 수 있는 구석자리)를 꾸몄다. 창턱 밑면에는 라디에이터가 있어서 추운 겨울밤에 올라가 앉아 차 한 잔을 마시기에 딱 좋다. 그러나 정작 내 마음을 빼앗는 것은 뜰 건너편 아파트에서 집집마다 은은하게 흘러나오는 따스한 불빛이다. 사람들이 집을 떠나거나 돌아올 때마다 따스한 불빛 조각들로 이뤄진 모자이크는 끊임없이 그 모양을 바꾼다. 내가 이런 아름다운 풍경을 감상할 수 있는 것은 어느 정도는 폴 헤닝센 덕택이라 할 수 있다. 덴마크에 있는 불 켜진 방에는 으레 (모든 덴마크 사람들이 간단히 PH로 일컫는) 이 건축가 겸 디자이너의 램프가 있게 마련이기 때문이다.

폴 헤닝센과 조명 기구의 관계는 에디슨과 전구의 관계와 같다. PH는 대부분의 덴마크 사람들이 그렇듯이 조명에 심취했다. 그를 세계 최초의 조명 건축가로 일컫는 사람들도 있다. 그는 빛이 인류의 건강과 행복에 기여할 수 있는 방법을 탐구하는 데 전념했으며, 구체적으로는 눈부심 현상이 없고 고르게 빛이 퍼져나가는 램프를 개발하는 것을 목표로 삼았다.

1894년에 태어난 폴 헤닝센은 전등 대신 석유등의 은은한 불빛 아래서 성장했다. 그는 이 석유등으로부터 착상을 얻어 램프를 디자인했다. 따라서 그의 램프는 전등만큼의 위력을 발휘하면서도 동시에 석유등 불빛의 은은함을 간직하는 것이 특징이다.

공간을 제대로 밝히는 데는 돈이 들지 않는다. 다만 절제미가 필요할 뿐이다. 18세 때부터 빛을 연구하기 시작한 나는 빛과 어둠의 조화를 추구한다. 인간은 어린아이와 같아서 새로운 장난감을 얻는 순간 절제력을 잃고 그것을 남용한다. 전기 조명이 생긴 후로 빛의 홍수가 일어났다.

저녁에 2층 트램의 2층 자리에 앉아 2층에 자리한 집들을 들여다보고 있노라면 그 을씨년스러운 불빛에 진저리를 치게 된다. 조명에 비하면 집 안에 있는 가구, 카펫 등 그 밖에 다른 것들은 상대적으로 중요하지 않다.

— 폴 헤닝센 (1894~1967), '빛에 대하여'

어떤 직업군의 구성원들은 덴마크 사람들만큼이나 빛에 마음을 쏟는다. 바로 사진가들이다. '사진(photography)'은 빛으로 채색한다는 의미다. 실제로 사진을 직접 찍다 보면 빛의 성질에 대해 이해하게 되고 빛의 맛을 느끼게 된다.

내가 지난 10여 년간 수만 장의 사진을 찍으며 사진을 사랑해온 것은, 그리고 사진가들이 골든 아워(golden hour)의 빛을 가장 좋아하는 것은 그런 이유 때문일 것이다. 골든 아워는 대략 일출 직후의 한 시간과 일몰 직전의 한 시간이다. 해가 하늘에 낮게 떠 있을 때 햇살은 더욱 농도 짙은 하늘빛을 통과시키고, 바로 이 시간 동안 따스하고 은은하게 분산되는 빛을 내뿜는다. 그래서 이 시간은 '마법의 시간'으로도 불린다.

휘겔리한 조명으로 밝힌 공간을 좋아한다면, 이런 느낌의 빛을 실내에 들여놓는 것을 목표로 삼으면 된다. 인물을 한층 돋보이게 하는 이런 빛 아래서는 누구나 근사하게 보인다. 인스타그램 필터와는 비교가 되지 않는다.

휘 겔 리 한 빛 연 출 하 기

양초! 그렇다. 양초를 켜면 된다. 하지만 양초를 켠 후에는 잊지 말고 실내 공기를 환기해야 한다. 만약 전등을 사용하고자 한다면? 천장에 큰 램프 하나를 달기보다는 작은 램프 여럿을 방 곳곳에 배치하면 더욱 휘겔리한 분위기를 연출할 수 있다. 방 곳곳에 빛의 동굴들을 만들어 보자.

휘 게 가 시 작 되 는
핵 심 공 간

덴마크 인기 TV 드라마인 '여총리 비르기트(Borgen)'나 '킬링(The Killing)', '더 브리지(The Bridge)'를 가리켜 외국인들은 때로 '가구 포르노그래피 (furniture porn)'라고 부른다. 대부분의 장면들이 덴마크 디자인 명품들로 아름답게 장식된 집에서 촬영되었기 때문이다.

실제로 덴마크 사람들은 아름다운 디자인의 가구를 사랑한다. 덴마크에는 인테리어 디자인 잡지의 한 페이지를 그대로 옮겨놓은 듯한 아름다운 집들이 많다.

덴마크 사람들이 인테리어 디자인에 심혈을 기울이는 이유는 휘게가 이뤄지는 핵심적인 공간이 바로 집이기 때문이다. 덴마크 사람들은 대부분의 사교 활동을 집에서 한다. 대체로 다른 나라 사람들이 술집이나 레스토랑, 카페에서 사람들과 어울리는 데 반해서, 덴마크 사람들은 엠휘게(hjemmehygge, 집에서의 휘게)를 선호한다. 물론 덴마크의 비싼 외식비도 한 원인이 되어주지만 말이다.

휘게를 주로 경험하는 장소

71% 집

29% 집밖

거주자당 사용 공간(평방미터)

51	44	44	41	40	38
덴마크	스웨덴	영국	네덜란드	독일	프랑스

실제로 덴마크 사람들 10명 가운데 7명은 휘게를 주로 집에서 경험한다고 말한다. 따라서 덴마크 사람들은 집을 휘겔리하게 꾸미는 데 많은 비용과 노력을 쏟아 부을 수밖에 없다. 그들은 유럽에서 1인당 가장 넓은 거주 공간을 갖고 있는 사람들이기도 하다.

학생이었던 어느 12월에 나는 크리스마스트리를 판매하는 일을 했다. 12월의 추위마저 잊을 정도로 바쁜 일이었다. 12월 한 달 내내 나무를 나르고, 톱으로 자르고, 망치로 치고, 도끼로 치고, 또 판매해서 번 돈으로 의자 하나를 샀다. 1963년 한스 웨그너(Hans J. Wegner)가 디자인한 아름다운 의자인 쉘체어(Shell chair), 그중에서도 짙은 갈색 가죽을 댄 호두나무 목재의자였다. 그로부터 2년 후 아파트에 그만 도둑이 들었고, 그 의자도 도둑을 맞았다. 말할 것도 없이 몹시 화가 났다. 하지만 적어도 그 도둑들 역시 안목이 있는 이들임을 알 수 있었다.

덴마크 사람들이 디자인을 얼마나 중요하게 여기는지를 보여주는 대표적인 예는 아마도 케흘러(Kähler) 꽃병 스캔들, 또는 짧게 '꽃병게이트(Vasegate)'로 불리는 사건일 것이다. 케흘러 꽃병은 2014년 8월 25일에 한정판으로 출시된 기념작이었다. 그날 1만 6,000명 이상의 덴마크 사람들이 그 꽃병을 사기 위해 온라인에 동시 접속을 시도했다. 꽃병은 순식간에 동이 났고, 웹사이트는 접속 폭주로 인해 작동을 멈췄다. 그러자 사람들은 재고가 남아 있는 상점들로 찾아가 길게 줄을 서서 기다렸다.

그들은 마치 한창 인기 많은 보이그룹 콘서트의 티켓을 구하기 위해 동분서주하는 10대 소녀들 같았다. 그들은 제한적인 수량만 공급한다며 제작사에 공개적으로 항의를 하기도 했다. 아무리 집 한 켠을 아름답게 꾸며줄 물건이라 한들, 20센티미터 높이의 구리 소재 줄무늬병에 대한 이런 집착은 좀 지나친 반응인 건 아닐까? 아마 그럴지도 모른다.

그러나 덴마크 사람들은 매년 5주간의 긴 유급 휴가를 보내는 것에 더해 근무 일수도 적은 편이며, 무료 의료서비스와 무료 대학 교육까지 받는 사람들이다. 이런 상황이니 마음에 드는 꽃병 구하기에 실패하는 일 정도가 그들에게 벌어질 수 있는 최악의 일일 수밖에.

집을 더욱 휘겔리하게 해줄 10가지

이번 장에서는 정말 실용적인 휘게 팁들을 소개하고 있다. 지금까지 소개한 양초나 램프 이외에도 집을 더욱 휘겔리하게 만들어줄 것들은 무엇이 있을까? 열 가지 아이템을 꼽아 보았다.

휘게크로그 A HYGGEKROG

휘게크로그는 어느 집에든 꼭 필요한 공간으로, 영어로는 'nook'(아늑하고 조용한 구석) 정도로 번역할 수 있다. 책 한 권과 차 한 잔을 들고 담요 속으로 파고들어가 있기 좋은 공간이다. 앞서 언급했듯 나는 주방 창가에 휘게크로그를 꾸며 놓았다. 쿠션 몇 개와 담요, 순록 가죽 러그가 놓인 그 공간에서 저녁이면 일을 하기도 한다. 이 책의 많은 부분도 거기 앉아서 썼다.

덴마크 사람들은 안락한 공간을 사랑한다. 그래서 휘게크로그는 코펜하겐과 덴마크 곳곳에서 흔하게 발견할 수 있다. 코펜하겐의 거리를 걷다 보면 대부분의 건물에 툭 튀어나온 형태의 퇴창이 달려 있는 것을 볼 수 있다. 그 안쪽에는 십중팔구 쿠션과 담요가 놓인 공간이 있을 것이고, 그 집에 사는 사람들은 그 안락한 공간에 앉아 매일 저녁 느긋한 시간을 보낼 것이다.

그러나 휘게크로그가 꼭 창가에 있어야만 하는 것은 아니다. 비록

그게 가장 휘겔리하지만 말이다. 집 안의 어느 곳에든 쿠션을 놓고 부드러운 조명을 비추면 좋은 책과 따뜻한 차를 즐기기에 좋은 휘게크로그가 된다. 덴마크에서는 그 집이 얼마나 휘겔리하냐에 따라 집값이 달라지기도 한다. 실제로 부동산 중개업자들 중에는 판매 전략의 일환으로 매물에 휘게크로그가 있다는 점을 내세우기도 한다.

덴마크 사람들이 작은 공간을 각별히 여기는 이유는 어쩌면 우리가 동굴에 살았던 그 옛날, 위협적인 동물들을 비롯한 여러 외부의 위험으로부터 자신을 보호하기 위해 주위 환경에 예민하게 반응했던 때부터인지도 모르겠다. 작은 공간에서 생활하는 것이 더 유리했던 이유는 사람들의 몸에서 발산된 온기가 작은 공간에 더 오래 잔류하기 때문이었다.

오늘날 우리가 휘게크로그에 앉기를 좋아하는 이유도 어쩌면 안전함을 느끼기 때문일지 모른다. 다른 방이나 집밖의 거리에서 마주칠지도 모르는 잠재적인 위협을 잊을 수 있기 때문이다. 우리는 휘게크로그에 있을 때 긴장감을 풀게 된다. 마치 주변 환경을 잘 통제하고 있는 것처럼 느껴질뿐더러 예측할 수 없는 무언가로부터 보호받는 느낌을 갖게된다.

벽난로

나는 운이 좋은 아이였다. 어린 시절 살던 집에는 벽난로도 있고 장작 난로도 있었다. 나는 벽난로를 채우고 불붙이는 일을 좋아했다. 나만 그런 기억을 갖고 있는 것은 아닐 것이다. 덴마크환경부(Danish Ministry for the Environment)에 따르면, 덴마크에는 약 75만 개의 벽난로와 장작 난로가 있다고 한다. 덴마크에 250만이 조금 넘는 가구가 있는 것을 감안하면, 10가구 중 3가구가 벽난로라는 휘게를 누리고 있는 셈이다. 영국의 경우, 약 100만 가구에 벽난로 또는 장작 난로가 있지만, 영국에 약 2,800만 가구가 있다는 점을 감안하면, 28가구 중 단 1가구만이 벽난로 또는 장작 난로를 갖고 있는 셈이다.

그렇다면 덴마크 사람들은 왜 불타는 장작에 그토록 집착하는 것일까? 아마도 이미 그 답이 휘게 때문임을 짐작할 수 있겠지만, 혹시 휘게

말고도 다른 이유가 있는 건 아닐까? 오르후스 대학교(University of Aarhus)에서 실시된 한 연구에 따르면, 실제로 다른 이유도 있기는 하다. 덴마크 사람들은 난방비를 절약하려는 목적으로 장작 난로를 사용한다고 답했다.

그러나 이는 두 번째 이유였다. 첫 번째 이유는 역시 휘게였다. 응답자의 66퍼센트가 장작 난로를 사용하는 가장 큰 이유로 휘게를 지목했다. 실제로 덴마크 사람들에게 물어보면, 약 70퍼센트의 사람들이 벽난로가 휘겔리하다는 데 동의할 것이다. 한 응답자는 벽난로를 두고 실용예술품 가운데 가장 휘겔리한 예술품이라고 칭하기도 했다.

벽난로 앞은 휘게가 이뤄질 수 있는 그 모든 장소 가운데서도 휘게의 극치를 선사하는 곳이다. 혼자라면 따스함과 평화로움을 느끼며 쉬기에 좋고, 가까운 사람들과 함께라면 그들과 더욱 가까워진 듯한 느낌을 갖게 된다.

벽난로나 장작 난로가 있는 집

30%
덴마크

3.5%
영국

양초

양초가 없으면 휘게도 없다. 양초와 램프에 대한 이야기는 앞서 상세히 이야기했기에 간단히 넘어가겠다.

나무로 만들어진 것들

나무로 만들어진 것들은 특별하다. 벽난로에서 나무가 타는 냄새, 또는 성냥을 켤 때 피어오르는 나무 타는 냄새, 나무 책상을 손으로 쓰다듬을 때 느껴지는 부드러움, 나무 바닥 위를 걸을 때 들리는 낮게 삐걱거리는 소리들은 마음을 편안하게 해준다.

최근 플라스틱 장난감의 인기가 사그라지고 나무로 만들어진 어린이 장난감이 다시금 인기를 얻고 있다. 카이 보예센(Kay Bojesen)의 나무 원숭이 장난감이 그 대표적인 예다. 나무는 자연과 더 가까워진 느낌을 갖게 한다. 나무는 휘게가 지향하는 바처럼 심플하고 자연적이다.

자연

나무만으로는 충분하지 않다. 덴마크 사람들은 숲 전체를 실내로 들여와야 한다고 생각한다. 주변에서 흔히 볼 수 있는 어느 것이라도 그것이 자연의 일부라면 휘게에 적합한 것으로 판정 받는다. 나뭇잎, 견과류, 잔가지, 동물의 가죽 등 다양하다. 쉽게 생각해보자면 겨울을 준비하는 덴마크 사람이라면 거실을 어떻게 꾸밀지 떠올려 보면 된다.

아마 그들은 한층 따뜻한 휘게를 위해서 벤치와 의자, 창틀을 양가죽으로 뒤덮을 것이다. 바닥에는 쭉 소가죽을 두고, 창틀에는 양가죽과 순록 가죽을 번갈아가며 놓을 수도 있다. 덴마크 사람들이 양초와 나무, 그리고 그밖에 여러 인화성 물질들을 사랑한다는 점을 고려하면, 코펜하겐이 몇 차례 전소된 적이 있다는 사실은 별로 놀랍지 않은 일이다.

책

두툼한 책으로 가득 찬 책장을 누군들 좋아하지 않을까? 좋은 책 한 권을 읽으며 보내는 휴식 시간은 휘게로 향하는 주춧돌 같은 것이다. 장르는 중요하지 않다. 로맨스 소설, 공상과학 소설, 요리책, 공포 소설, 모두 환영이다. 모든 책은 휘겔리하다. 그러나 제인 오스틴, 샬롯 브론테, 톨스토이, 찰스 디킨스 같은 작가들의 고전은 책장에서 더욱 특별한 자리를 차지한다. 여러분의 자녀들도 적당한 나이가 되면 휘게크로그에서 여러분을 껴안은 채 책을 읽어달라고 조를지도 모른다. 아마 그 책이 톨스토이는 아닐 테지만.

도 자 기

좋은 찻주전자, 꽃병, 늘 애용하는 머그컵은 모두 휘겔리하다. 대표적인 덴마크의 도자기 기업으로는 케흘러(Kähler)와 로열 코펜하겐(Royal Copenhagen)이 있다. 케흘러는 175년 이상의 역사를 갖고 있으며, 에펠탑 제막식이 열린 1889년 파리 세계박람회에서 독특한 디자인으로 큰 인상을 남기기도 했다. 율리아나 마리 여왕(Queen Juliane Marie)이 1775년에 설립한 로열 코펜하겐은 몇 년 전부터 블루 플루티드 메가 세트로 제2의 전성기를 누리고 있다.

촉 감 THINK TACTILE

이제까지 살펴본 바와 같이 휘겔리한 인테리어는 단지 눈에 보이는 방식뿐만이 아니라 촉감과도 밀접한 관련이 있다. 나무 탁자 위, 따뜻한 도자기잔 또는 순록 가죽의 털을 손으로 쓸어보면 금속이나 유리, 플라스틱으로 만들어진 것을 만질 때와는 그 느낌이 확연히 다르다. 사물들의 각기 다른 촉감을 고려해 집안에 다양한 질감의 물건들이 어우러지도록 하자.

빈 티 지 Vintage

덴마크에서 빈티지는 그다지 특별한 게 아니다. 덴마크의 빈티지 상점이나 앤티크 상점에 가면 어떤 필요한 물건이든 대부분의 것들을 구할 수 있다. 다만 마음이 꼭 드는 물건을 발견하는 일이 조금 힘들 뿐이다. 오래된 램프나 탁자, 의자는 정말 휘겔리하다. 빈티지 상점에서는 집을 아름답게 꾸미는 데 필요한 어떤 물건이든 구할 수 있을 뿐만 아니라, 그 물건들은 모두 고유한 역사를 갖고 있다는 점에서 더욱 흥미롭고 휘겔리하다.

이러한 물건들이 가치 있는 이유는 그것들에 이야기가 담겨 있고 추억을 불러일으키기 때문이다. 사물들은 물적 성질뿐 아니라 감정적인 가치와 이야기까지 담고 있다. 나의 아파트에는 삼촌과 함께 직접 만든 풋 스툴 두 개가 있다. 물론 이와 비슷한 의자들은 돈을 주고 쉽게 구입할 수 있지만, 그렇다고 그것들이 지금 내가 갖고 있는 풋 스툴과 같은 의미를 갖지는 못할 것이다.

그 의자들을 볼 때마다 나는 삼촌과 함께 100년 된 호두나무 가지에서 이 의자들을 깎아내던 10년 전 그날 오후를 떠올린다. 이런 게 바로 휘게라 할 수 있다. 그 풋 스툴들은 발을 올리고 편안한 자세로 앉을 수 있게 해줄 뿐만 아니라, 그것이 나무로 만들어졌기에 더욱 좋으며, 또한 즐거웠던 추억을 떠올리게 해준다. 그 풋 스툴들은 휘게의 킨더 에그 (Kinder egg, 속에 장난감이 들어 있는 계란 모양의 초콜렛-옮긴이)라고 할 수 있다.

담요와 쿠션

겨울 중에서도 특히 추운 날이면 담요와 쿠션은 필수품이다. 담요 속에 몸을 파묻는 일은 매우 휘겔리한 일이라 때로는 추위를 느끼지 않더라도 그렇게 하기도 한다. 순전히 아늑한 느낌을 갖기 위해서 말이다. 양털로 만들어진 담요는 따뜻해서 좋고, 면직물로 만들어진 것은 가벼워서 좋다.

담요는 그 크기와 관계없이 휘게에 필수적이다. 좋아하는 책을 읽으며 부드러운 쿠션에 머리를 기대는 것보다 더 기분 좋은 일이 또 있을까?

이쯤에서 여러분은 덴마크 사람들에 대해 프로이트의 학설을 적용해 이렇게 지적할 수도 있을 것이다. 덴마크 사람들에게 휘게란, 위안을 주는 음식(comfort food)이자 안도감을 주는 담요(security blanket)라고. 아마도 그 지적은 옳을 것이다. 휘게는 여러 가지 책임을 짊어지고 스트레스를 받으며 살아가는 어른들을 너그럽게 안아준다. 좀 여유를 갖자. 잠시만이라도 말이다. 휘게는 단순한 것에서 즐거움을 느끼게 하고 모든 일이 다 잘 풀릴 것이라고 안심시켜준다.

지금 당장
휘게해질 수 있는 것들

아무 계획이 없거나, 기력이 없어 밖에 나가고 싶은 기분이 들지 않을 때, 또는 혼자서 고즈넉한 시간을 보내고 싶은 저녁을 위해서는 휘게 구급상자를 비축해두는 것이 좋다.

비상시를 위해 상자나 벽장 한 켠에 휘게에 꼭 필요한 물건들을 채워보자. 아래 목록은 하나의 길잡이일 뿐, 구체적인 목록을 떠올리고 결정하는 일은 전적으로 여러분에게 달려 있다.

양초

양초에 대한 설명은 너무 많이 해서 더 덧붙이지 않아도 된다고 생각한다.

양질의 초콜릿

가까운 초콜릿 가게에 가서 양질의 초콜릿이 든 작은 초콜릿 상자를 구입하자. 굳이 비싼 것을 살 필요는 없다. 이따금 하나씩 음미할 수 있도록 스스로에게 작은 선물을 하는 기분으로 구입하면 된다. 나의 경우 매일 또는 일주일에 한 번씩 초콜릿을 한 조각만 먹겠다고 스스로에게 약속을 하고 그 약속을 지키고 있다. 그렇지 않으면 순식간에 동이 나기 때문이다. 매일 또는 주 1회 초콜릿을 하나씩 꺼내 먹으면 다음에 먹을 순간을 기다리는 일이 일상의 작은 기쁨이 된다.

좋아하는 차

나의 경우 현재 루이보스를 좋아한다. 좋아하는 차를 마시는 시간을 정해두고 하루를 조용히 음미한다면 더할 나위 없이 휘겔리할 것이다.

좋아하는 책

현실을 잊은 채 이야기 속으로 흠뻑 빠져들게 하는 책은 어떤 책인가? 그런 책을 찾아서 휘게 구급상자에 넣어두자. 만약 나와 같은 직업을 가진 사람이라면, 즉 많은 문서를 읽고 즉시 요점을 파악해야 하는 일을 하는 사람이라면, 간신히 소설책을 손에 쥐더라도 성급하게 책장을 넘기려고 할 가능성이 높다. 가령 우리 같은 사람들은 존 르 카레(John le Carré)의 첩보 소설을 읽다가도 즉시 마지막 책장으로 넘어가려 한다.

'아니, 이게 뭐야, 그가 내내 이중 첩자였다니.' 하지만 소설책은 다른 방식으로 읽어야 한다. 천천히 읽으면서 이야기가 풀려가는 대로 따라가야 한다. 내가 좋아하는 책은 헤밍웨이의 《무기여 잘 있거라》다.

좋아하는 영화나 드라마

내가 좋아하는 드라마는 거의 40년 전에 촬영된 덴마크 드라마 '마타도르(Matador)'다. 대공황 시기부터 나치 점령기까지 덴마크의 한 작은 마을에서 벌어지는 이야기를 그렸다. 이 드라마 시리즈는 오늘날 덴마크 사람들이 스스로의 정체성을 이해하는 데 중요한 자료가 되고 있다. 거의 모든 덴마크 사람들이 이 드라마에 나오는 대사를 적어도 한두 마디는 알고 있다.

잼

그때 그 팬트리 파티를 기억하는지? 정말 휘겔리하지 않았던가? 가족이나 친구들과 함께 만든 그 잼을 구급상자에 넣어두자.

좋은 모직 양말 한 켤레

좋아하는 편지 모음

입에서 내뱉는 말은 발설하는 순간 흩어지지만, 글은 몇 세기 전의 말이나 이미 세상을 떠난 사랑하는 이의 말도 간직할 수 있게 해준다. 오래된 편지를 읽으면서 다시 그 시절의 감정을 느껴보는 것은 정말 휘겔리한 일이다.

종이에 적은 편지는 모니터로 읽는 편지보다 더 휘겔리하다. 지난

세기에 성장기를 보낸 나 같은 사람은 집안 어딘가에 편지들이 가득 찬 상자를 잘 보관해두고 있게 마련이다. 그러나 인터넷 시대에 쓰인 편지들도 출력해서 보관해둔다면 휘겔리하다.

따뜻한 스웨터

공책

휘게 구급상자에 공책을 넣어두자. 이는 휘게 일기장이라고 불러도 좋다. 먼저 지난 달 또는 작년에 있었던 가장 휘겔리한 순간에 대해서 적어본다. 적다 보면 그 순간을 되돌아보며 즐거움을 느낄 수 있고 또한 자신이 어떤 활동을 특히 좋아하는지 깨닫게 되기도 한다. 그 다음에는 미래에 경험해보고 싶은 휘겔리한 활동들에 대해서도 적어본다. 말하자면 휘게 버킷리스트 같은 것이다.

좋은 담요

종이와 펜

오래된 편지를 읽는 것은 정말 즐겁고 휘겔리한 일이다. 그렇지 않은가? 그렇다면 이제 그에 대한 화답으로 직접 편지를 써보는 건 어떨까? 시간을 내어 종이 위에 편지를 써보자. 당신의 삶의 일부가 되어주어서 고마운 사람들을 떠올리고 그들에게 고마운 마음을 전하자.

음악

물론 음반이 디지털 음원보다 더 휘겔리할 수도 있겠지만, 아이튠즈나 스포티파이 같은 음악 서비스로도 충분히 휘게 음악 목록을 만들 수 있다. 나는 잔잔한 음악을 선호하는 편인데, 최근에는 그레고리 알란 이사코프(Gregory Alan Isakov)와 찰스 브래들리(Charles Bradley)의 음악을 많이 듣는다. 덴마크 아티스트 아그네스 오벨(Agnes Obel)도 추천한다.

사 진 첩

당신은 페이스북이나 SNS에 올린 사진들을 모두 기억할 수 있는가? 마음에 드는 사진 100장을 골라서 인화해보는 건 어떨까? 추운 밤 차 한 잔을 마시면서 인쇄된 사진들이 담긴 사진첩을 뒤적이는 일은 매우 휘겔리하다.

휘게를
'조금 더' 원한다면

과학자인 나는 어떤 현상의 패턴을 찾아야 할 때가 많다. 휘게에 대해 연구할 때도 마찬가지였다. 휘겔리한 순간마다 빠지지 않고 공통적으로 발견되는 요소를 찾아보았다.

대부분의 휘게가 집에서 이뤄지긴 하지만, 집 밖에서 휘게를 경험하는 것도 분명 가능하다. 실제로 통나무집이나 보트, 그리고 산, 강, 바다 같은 자연환경은 휘게를 경험하기에 매우 좋은 장소들이다. 휘게는 언제 어디서라도 가능하지만, 다음과 같은 휘게 도화선들이 있어야 촉발된다(음악과 양초에 관해서는 이 책의 다른 부분에 충분히 다루고 있으므로 그 둘에 대해서는 설명을 생략한다).

곁에 있는 사람들

물론 혼자서도 휘겔리한 시간을 보낼 수 있다. 비오는 일요일 오후에 혼자 담요를 두르고 좋아하는 TV 프로그램을 보는 일은 휘겔리하다. 폭풍우가 몰아치는 창밖을 바라보며 레드와인을 마시는 것도 휘겔리하다. 아니면 그저 창가에 앉아 사람들을 구경하는 일도 휘겔리하다.

그러나 가장 휘겔리한 순간들은 누군가와 함께 있을 때 만들어진다. 몇 년 전, 나의 아버지와 두 형제들은 셋의 나이를 모두 합쳐 200살이 된 것을 기념해 덴마크의 서쪽 해안가에 있는 큰 휴가용 통나무집을 빌려 가족 모두를 초대했다. 그 통나무집 주변에는 황량한 모래 언덕과 울퉁불퉁한 바위가 많았다. 바람은 거칠게 불어왔다. 우리는 거기서 주말을 보내는 동안 먹고, 마시고, 이야기하고, 바닷가를 걸으며 시간을 보냈다. 그 해 가장 휘겔리한 주말이었다.

캐주얼함 Casualness

가장 휘겔리한 순간은 캐주얼함이라는 바탕 위에서야 비로소 만들어지기 시작하는 것 같다. 휘게하기 위해서는 편안함을 느껴야 한다. 어떤 것도 형식적으로 꾸밀 필요가 없다. 평소 입던 옷을 그대로 입고 평소대로 행동하면 되는 것이다.

20대 때 나는 프랑스 샹파뉴에서 포도를 수확하는 일을 한 적이 있다. 몇 년 전, 세 명의 친구와 함께 그 지역을 다시 방문할 일이 있었는데 그 김에 그때 일했던 마르케트 포도원(Marquette vineyard)에 찾아갔다. 우리는 집주인 글레니(Glennie)와 그녀의 아들을 만났다. 우리는 천장이 낮고 바닥이 판석으로 된 소박한 주방의 긴 탁자에서 와인을 함께 마시며 휘겔리한 오후를 보냈다. 그날 저녁의 분위기는 격의 없고 편안했다. 글레니와 그의 아들을 몇 년 만에 처음 만난 것이었음에도 불구하고 우리 사이에는 어떤 겉치레도 필요치 않았다. 정말 휘겔리한 저녁이 아닐 수 없었다.

자 연

스웨덴의 어느 강변에 있든, 프랑스의 포도원에 있든, 아니면 그냥 집 근처 공원이나 집 앞 정원에 있든, 자연에 둘러싸여 있다 보면 경계심을 늦추고 삶의 단순함을 즐기게 된다.

자연 속에 있을 때면 짜릿한 흥분에 휩싸일 일도 없고 다양한 선택 사이에서 고민해야 할 일도 없다. 화려하거나 사치스러운 것도 사라지고, 그저 함께 있는 사람과 좋은 대화를 나누게 될 뿐이다. 단순함과 느림, 그리고 소박함은 빠르게 휘게에 이르는 길이다.

어느 여름, 나는 스웨덴에 있는 니산 강(Nissan river) 주변에서 친구들과 캠핑을 했다. 우리는 모닥불에 닭을 구웠고 닭은 천천히 노릇노릇 잘

익어갔다. 알루미늄 포일에 싸인 감자는 탁탁거리는 소리를 냈다. 우리는 그날 카누를 타고 꽤 먼 거리까지 노를 저어 다녀왔고, 주변은 어둠으로 뒤덮이고 있었다. 모닥불은 주위 나무들에 따스한 빛을 비추었고, 나무 꼭대기들 위로는 별들이 보였다. 닭이 익기를 기다리는 동안 우리는 커피 잔에 위스키를 따라 마셨다. 우리는 피곤했고 아무 말도 하지 않았지만 행복함을 느꼈다. 완전한 휘게였다.

현재에 충실하기

휘게는 현재에 충실하다. 휘게는 현재를 경험하고 만끽하는 데 뚜렷한 목표를 두고 전념한다.

스웨덴 캠핑 여행에서 우리는 어떤 책임이나 의무에도 얽매어 있지 않았다. 우리는 세상과의 접촉을 단절했다. 전화도 이메일도 사용하지 않았다. 우리는 아름다운 자연에 둘러싸여 있었고 좋은 사람들과 한자리에서 어울리면서 완전한 휴식을 취할 수 있었다.

매년 여름, 나는 친한 친구 한 명과 그의 아버지와 함께 보트를 타러 간다. 갑판 아래서 흘러나오는 음악을 들으며 새하얀 돛과 파란 하늘 아래 키를 잡고 서 있는 것보다 더 즐거운 일은 없을 것이다. 보트 여행 중에서 가장 휘겔리한 순간은 항구에 정박해 있는 때다. 저녁식사를 마친 후에 우리는 갑판에 나와 앉아 위스키를 넣은 아이리시 커피를 홀짝이며 정박한 배들 사이를 오가는 바람 소리를 듣고 지는 해를 바라봤다. 이것이 휘게다.

휘게를 조성하려면 위의 요소들 중 한두 가지를 사용하면 된다. 그런데 어떤 때는 이 모든 요소들을 한꺼번에 얻는 때도 있다. 나의 경우 어린 시절 통나무집에서 보냈던 여름이 그랬다. 여러 면에서, 통나무집에서의 생활은 휘게의 모든 요소들을 제공한다고 할 수 있다. 우리 가족은 매년 5월부터 9월까지 코펜하겐에서 10킬로미터 떨어진 곳에 있는 가족 소유의 작은 통나무집에서 지냈는데, 그게 내 어린 시절 가장 소중한 추억이다.

5월부터 9월까지는 심지어 밤이 되어도 밖이 어둡지 않았기 때문에 우리 형제는 여러 가지 놀이를 하며 기나긴 여름날들을 보냈다. 우리는 나무를 타고, 낚시를 하고, 공을 차고, 자전거를 타고, 터널을 탐험하고, 나무 위에 지어진 집에서 잠을 자고, 해변에 있는 보트 아래서 숨바꼭질을 하고, 모래로 댐과 요새를 짓고, 활쏘기 놀이를 하고, 딸기를 찾거나 나치가 숨겨두었다는 금을 찾아 숲을 뒤졌다.

통나무집은 코펜하겐에 있는 집보다 훨씬 작았고 가구는 낡았으며 거실에는 안테나가 고장난 14인치 흑백 TV가 있을 뿐이었다. 그러나 그곳은 우리 가족이 최고의 휘게를 누렸던 곳이었다. 여러 면에서 그때가 가장 행복하고 휘겔리한 시절이었다. 아마도 통나무집에 모든 휘게의 요소가 있기 때문인 것 같다. 냄새와 소리는 물론이고, 소박함 같은

것들까지 공존한다. 통나무집에서 머물다 보면 자연, 그리고 함께 있는 사람들과 더욱 더 가까워진 것을 느끼게 된다. 더 소박하고 더 느리게 생활하게 된다. 사람들과 어울려 시간을 보내고 현재를 즐기게 된다.

근 무 시 간 중 의 휘 게

그렇다고 휘게가 아늑한 통나무집에 있을 때나 보트의 갑판 위에서 아이리시 커피를 마실 때, 또는 벽난로 앞에서 담요를 두르고 있을 때만 생기는 것은 아니다. 덴마크 사람들은 사무실에서도 휘게를 누릴 수 있으며 또 누려야만 한다고 생각한다.

6장에서 살펴보겠지만, 사무실에서 단것을 먹는 것은 하나의 휘게가 된다. 맛있는 케이크 한 조각은 사무실을 휘게의 장소로 만들어준다. 행복연구소에서 실시한 휘게에 관한 설문조사에 따르면 덴마크 사람들의 78퍼센트는 일터 역시 휘겔리해야 한다고 생각한다.

사무실에 소파 몇 개를 들여놓고 사람들이 장문의 보고서를 읽어야 할 때나 간단한 회의를 할 때 사용하도록 하는 건 어떨까? 나 역시 고급스러운 탁자를 사이에 두고 마주앉아 사무적인 분위기에서 회의를 하는 것보다는 소파에 앉아 편안하게 대화를 나누는 것을 좋아한다.

사 무 실 에 서 의 휘 게

그렇다면 어떻게 하면 더욱 휘겔리한 사무실을 만들 수 있을까? 물론 양초와 케이크를 사용하는 방법이 있다. 그러나 그건 기본적인 요건에 불과하다. 사무실을 더욱 편안하고 아늑하며 평등한 공간으로 만들 수 있는 방법들을 떠올려보자.

자전거와 휘게

덴마크는 휘게, 한스 크리스티안 안데르센, 레고, 덴마크 디자인 외에도 자전거에 대한 사랑으로도 유명하다.

물론 자전거 이용자들을 위한 시설에 투자를 많이 하고, 고도가 가장 높은 지점이 200미터가 채 되지 않는 덴마크의 환경에서 자전거를 애용하는 사람이 많은 것은 당연한 일일지도 모른다(여기에는 150퍼센트에서 180퍼센트에 달하는 자동차세도 한몫한다).

그렇다고 해도 덴마크 사람들의 자전거 사랑은 특출하다. 코펜하겐에서 일하거나 공부하는 사람들 중 약 45퍼센트는 자전거를 타고 학교나 회사를 다닌다. 교외에 살면서 코펜하겐 도심으로 출퇴근하는 사람들 중 약 3분의 1은 자전거를 타고 출퇴근을 한다. 많은 사람들은 자전거를 타면 일상생활 속에서 자연스럽게 약간의 운동을 겸하게 되고 동시에 환경적으로도 (그리고 경제적으로도) 유익하다고 생각한다. 그러나 코펜하겐 사람들이 자전거를 타는 진짜 이유는 편리함 때문이다. A 지점부터 B 지점까지 이동하는 가장 빠른 방법이 바로 자전거이기 때문에 이용하는 것이다.

하지만 사람들이 미처 인식하지 못하는 또 다른 이점이 있다. 자전거 타기가 사람들을 더 행복하게 만든다는 점이다. 2014년, UEA(University of East Anglia)의 노리치 의과대학(Norwich medical school)과 요크 대학교(University of York)의 보건 경제학 센터(Centre for Health Economics)는 18세 이상 성인 약 1만 8,000명을 대상으로 출퇴근수단에 관한 연구를 수행했다. 그 결과 자동차를 운전하거나 대중교통을 이용하는 사람들보다 자전거를 타는 사람들이 더 행복한 것으로 나타났다.

더 행복한 사람들이 콕 집어 자전거를 탔기 때문에 더 행복한 것인지 어떻게 알 수 있느냐고 반문할 수도 있다. 어쩌면 인과관계가 그 반대일 수도 있지 않느냐고, 즉 더 행복한 사람일수록 자전거를 타는 경향이 있는 것일 수도 있지 않느냐고 말이다. 그럴지도 모른다. 그러나 위 연구 결과에서 흥미로운 부분은 다음과 같다. 원래 자동차나 버스로 출퇴근을 하던 사람들이 방식을 바꿔 걷거나 자전거를 타고 출퇴근을 하기 시작하자 예전보다 더 행복해졌던 것이다.

자전거 타기와 행복의 관계를 보여주는 연구 결과는 또 있다. 몬트리올의 맥길 대학교(McGill University)에서 수행한 연구에 따르면 자전거로 출퇴근하는 사람들이 출퇴근길에 대한 만족도가 가장 높은 것으로 나타났다. 심지어 그게 시간이 더 오래 걸릴지라도 말이다.

그런데도 자전거 타기와 행복이 연결될 만한 이유가 없다고 생각한다면, 다음 연구 결과들도 살펴보자. 위트레흐트 대학교(University of Utrecht)에서 수행된 네덜란드 사람들(그들도 역시 자전거를 사랑하는 사람들이다)에 관한 연구에 따르면, 자동차를 운전하는 대신 매일 자전거를 타고 출퇴근을 하면 수명이 3~4개월 길어진다고 한다. 또한 덴마크 사람들에 대한 연구에서는 자동차를 타고 등하교를 하는 어린이보다 자전거를 타고 등하교하는 어린이들이 훨씬 더 건강한 것으로 나타났다.

이번에는 이렇게 반박하는 사람이 있을지도 모른다. "그래요, 자전거를 타면 더 건강해지고 행복해진다고 칩시다. 하지만 건강과 행복이 무슨 소용인가요? 그렇다고 돈이 생기는 것도 아닌데…." 이런 분은 내가 다음과 같은 주장을 펼치기에 그리 이상적인 대상은 아니겠지만, 그래도 이 점을 지적해두어야겠다. 만약 당신이 자전거를 탄다면, 우리 모두에게, 또 지역 사회를 위해 좋은 일이라고 말이다.

　자전거 타기가 단지 개인의 행복과 건강에만 이로운 것은 아니다. 자전거 타기는 지역사회의 공동체의식 함양에도 도움이 된다. 2012년에 스웨덴 사람들 2만 1,000명을 대상으로 한 연구 결과에 따르면, 자동차를 타고 다니는 사람들은 대체로 사교 모임이나 가족 모임에 드물게 참석했다. 게다가 그들은 상대적으로 타인을 덜 신뢰했다. 반면 주로 걷거나 자전거를 타고 다니는 사람들은 사교 모임에 더 자주 참석했을 뿐만 아니라 타인에 대한 신뢰도도 높았다.

　그렇다고 자동차를 타고 다니다가 자전거를 타고 다닌다고 해서 갑자기 타인을 더 신뢰하게 되는 것은 아니다. 위 연구의 연구자들은 타인에 대한 낮은 신뢰도를 출퇴근 거리의 증가 현상으로 설명했다. 노동 시장이 더욱 유연해짐에 따라 사람들은 먼 거리에 있는 직장에 취직을 하게 되었다. 이렇게 해서 개인의 사회적 관계망이 지리적으로 멀리 확산됨에 따라 막상 이웃과의 교류는 줄어들고 지역사회에 대한 소속감이 사라지게 되었다는 것이다. 다시 말해, 먼 거리로 출퇴근할 수밖에 없게끔 도시가 설계되어 있다면, 그 도시의 사회적 건강은 악화될 수밖에 없다는 것이다. 반대로 많은 사람들이 자전거를 타고 다닌다면, 이는 우리가 건강한 동네에서 살고 있다는 신호라고 할 수 있다. 이웃 간의 신뢰와 공동체의식을 되살리고자 한다면 도시 계획을 짤 때 이와 같은 측면을 심사숙고해야 할 것이다.

가 볍 고
편 안 한   옷 차 림

덴마크 사람들은 격식에 매이지 않는 가벼운 옷을 즐겨 입는다. 그들은
일반적으로 캐주얼한 스타일과 분위기, 옷차림을 좋아한다.

　코펜하겐의 거리를 걷다가 정식으로 수트를 갖춰 입은 사람을 볼 확
률은 매우 낮다. 만약 전통적인 비즈니스를 하는 사람이라면 덴마크 사
람들이 옷을 너무 대충 입는다고 생각할지도 모르지만, 격식을 어느 정
도 갖추면서도 동시에 캐주얼하게 옷을 입는 덴마크식 옷차림 법을 이
윽고 눈치 채게 될 것이다. 나를 포함해 많은 덴마크 사람들은 캐주얼하
면서도 격식을 갖춘 옷차림을 위해 안에 티셔츠나 스웨터를 받쳐 입고
그 위로는 재킷을 걸쳐 입는다.

　나는 특히 양 팔꿈치 부분에 가죽이 덧대어진 재킷을 좋아하는데,
휘겔리하면서도 교수직에 알맞다고 생각하기 때문이다. 사실 이 가죽
이 덧대어진 재킷을 하도 많이 입어서, 친구들은 붐비는 술집에서 나를
찾아야 할 때는 재킷 팔꿈치 부분에 덧대어진 가죽이 있는지만 눈여겨

보면 된다고 농담을 하기도 한다.

덴마크 패션은 세련되고 심플하면서 고급스럽지만, 유행에 민감하지는 않다. 덴마크 패션은 기능적인 디자인과 휘게가 조화롭게 만나는 장이라고 할 수 있다. 그렇다면 덴마크 사람들의 패션을 대표할 수 있는 아이템들은 무엇이 있을까? 여섯 가지 정도의 아이템을 골라보았다.

스카프

스카프는 남녀 모두에게 필수적인 아이템이다. 주로 겨울에 두르지만 스카프 금단 현상을 겪는 사람들은 한여름에도 스카프를 두르고 다닌다. 스카프는 크면 클수록 더 좋다. 두툼한 스카프를 목에 부상이 오기 직전까지 둘둘 감으면 멋지다. 덴마크 사람들의 스카프 사랑은 유명해서, 어떤 영국인들은 덴마크 TV 드라마 시리즈 '여총리 비르기트'를 '스카프 감상' 프로그램이라고 부르기도 했다.

검은색

코펜하겐 공항을 벗어나는 순간 마치 닌자 영화의 촬영장으로 걸어 들어온 듯한 착각에 빠질지도 모른다. 덴마크에서는 모든 사람들이 검은색 옷을 입는다. 그래서 덴마크에 머물다 보면 패션디자이너 카를 라거펠트(Karl Lagerfeld)의 장례식에나 어울릴 법한 차림을 해야겠다는 생각이 절로 들 것이다. 스타일리시하지만 검은색인 옷들 말이다. 사실 여름에는 덴마크 사람들도 좀 더 다양한 색의 옷을 입는다. 깜짝 놀랄 만큼의 대담한 색, 가령 회색 같은 것 말이다.

큰 상의 top BULKY

손으로 짠 모직 스웨터나 카디건을 입고 여자들의 경우엔 검은 레깅스, 남자들의 경우엔 딱 붙는 바지를 입으면 휘겔리하면서도 맵시 있다. 스웨터는 두툼하고 큰 것이 좋지만, 그렇다고 엉성하게 짠 것이어서는 안 된다. 그리고 스카프를 두르는 것도 잊지 말자.

겹쳐 입기 Layers

하루에도 사계절을 모두 경험할 수 있는 변화무쌍한 덴마크 날씨에서 살아남으려면 옷을 여러 겹 겹쳐 입는 것이 좋다. 또 언제나 여분의 카디건을 하나 더 가지고 다녀야 한다. 추위에 떨고 있다면 휘겔리하지 못하다.

캐주얼한 헤어스타일 CASUAL HAIR

덴마크 사람들의 헤어스타일은 게으르다고밖에 표현할 수 없는 수준으로 캐주얼하다. 아침에 잠자리에서 일어나면 거의 그 머리 상태 그대로 외출을 한다. 여자들은 부스스한 머리를 쪽지기도 한다. 높게 올려 쪽질수록 더 예쁘다.

사라 룬드 스웨터 THE SARAH LUND JUMPER

덴마크 TV 드라마 '킬링' 속 인물인 사라 룬드가 입어서 유명세를 날린 스웨터. 〈가디언〉에서는 '킬링: 사라 룬드 스웨터의 전모(The Killing: Sarah Lund's jumper explained)'라는 기사를 내보내기도 했고, 한때 페로 제도 (Faroe Islands)에 위치한 그 스웨터 회사는 밀려드는 수요를 감당할 수 없을 정도였다.

드라마 의상으로 그 스웨터를 고른 사람은 다름 아닌 사라 룬드 역을 연기한 배우 소피 그로뵐(Sofie Grabøl)이었다. "스웨터를 보는 순간 '바로 이거야!'라고 생각했습니다. 룬드는 자신감에 차 있는 인물입니다.

구매 방법

무언가를 구입할 때는 좋은 경험과 연결 지어라. 나는 새로 출시된 의자를 사려고 충분한 돈을 모았는데도 나의 첫 번째 책이 출판될 때까지 기다렸다가 구매한 적이 있다. 그렇게 함으로써 그 의자를 볼 때마다 나는 첫 번째 책의 출판이라는 성취를 기분 좋게 떠올릴 수 있게 되었다. 갖고 싶은 스웨터나 좋은 모직 양말을 구입할 때도 똑같은 방식을 적용할 수 있다. 우선 저축을 하라. 그러나 휘겔리한 경험을 할 때까지 기다렸다가 구매하라. 그러면 그것들을 입거나 신을 때마다 좋은 기억을 떠올릴 수 있을 것이다.

그래서 굳이 정장을 차려 입을 필요가 없죠. 그녀는 자기 자신을 긍정하는 사람입니다." 그녀는 스웨터를 보는 순간 자신이 어린 시절을 보냈던 70년대와 히피였던 부모님을 떠올렸다고도 말했다.

대표적인 덴마크 램프 3

PH 램프

폴 헤닝센은 다락방에서 수년간 조명을 연구한 끝에 1925년 최초의 PH 램프를 선보였다. 이 램프는 빛을 확산시키면서도 동시에 전구를 가려주는 갓이 여러 겹 씌워져 있어서 은은한 불빛을 더욱 멀리 퍼뜨렸다. 또한 갓 안쪽 면에 붉은 색조가 가미되어 있어 지나치게 하얀 불빛을 누그러뜨렸다. 그의 최대 성공작은 1958년에 선보였던 금속 갓이 씌워진 PH 5이지만, PH 램프는 그밖에도 매우 다양한 디자인으로 제작되어 왔다. 그중 많은 수는 더 이상 생산되지 않고 있으며, 희귀한 램프들의 경우에는 경매에서 2만 파운드(한화로 약 3,000만 원 정도)가 넘는 가격에 거래되고 있다.

클린트 LE KLINT

클린트 가문은 1943년에 접이식 주름 전등갓을 생산하기 시작했다. 그러나 사실 그런 형태의 전등갓은 이미 40년 전에 덴마크 건축가인 피터 빌헬름 얀센 클린트(Peder Vilhelm Jensen-Klint)가 석유등을 디자인한 다음 거기에 씌울 갓이 필요해서 개인적인 용도로 만든 적이 있었다. 클린트 가문 사람들은 이 주름 갓 기술을 새로운 디자인으로 생각하여 혁신하고 지속적으로 생산하면서 가족 사업으로 일구었다.

팬톤 VP 글로브

팬톤 VP 글로브는 중앙에 위치한 원반 가장자리로부터 부드러운 빛이 확산되는 펜던트 램프다. 1969년에 이 램프를 디자인한 베르너 팬톤은 플라스틱이나 강철 같은 현대적인 재료를 즐겨 사용했던 덴마크 디자인계의 '앙팡테리블'이었다. 팬톤은 덴마크왕립예술아카데미(Royal Danish Academy of Fine Arts)의 건축, 디자인, 보존 학과에서 수학했다. 오늘날 건축학으로 손꼽히는 이 아카데미에는 자연광과 인공광을 연구하는 '빛 실험실(light laboratory)'도 설립되어 있다.

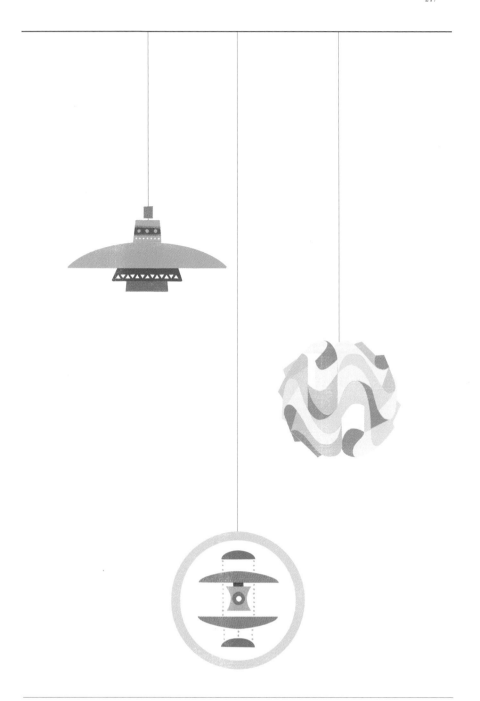

Hygge Life

6장

휘 게 가 머 무 는 식 탁

Hygge. hygge is a Danish word for which there is no English translation. The closest we can get is 'cosy' but *hygge* also means having a good time and fun in cosy surroundings. The concept of *hygge* is fundamental to the comfortable home and translates, in decor terms, into: a dominant fireplace and a comfy spot in all corners.

우 리 는

우 리 가 먹 는 음 식 으 로 이 루 어 진 다

만약 휘게가 사람이라면, 리버 코티지(River Cottage)를 운영하는 요리
사이자 음식과 환경문제 운동가인 휴 펀리 휘팅스톨(Hugh Fearnley-
Whittingstall)일 것이다. 격식을 차리기보다는 소탈하고 느리게 살아가는
그는 마치 휘게의 핵심적인 요소들을 체현한 듯한 인물이다. 그는 또한
맛있고 건강한 음식을 좋은 사람들과 함께 먹는 것이 얼마나 중요한 일
인지 이해하고 있는 인물이다.

　　최근 몇 년간 북유럽 음식이 크게 주목받고 있다. 그 중심에는 2003
년에 코펜하겐에 문을 열고 2010년 이래로 세계 최고의 레스토랑으로
네 번이나 꼽힌 NOMA가 있다. NOMA의 개미들을 올린 살아 있는 새
우 요리 등은 과연 사람들의 입에 오르내릴 만한 메뉴지만, 일상적인 덴
마크 요리와는 거리가 멀다. 오래 전부터 덴마크 사람들은 점심식사로
호밀빵 위에 절인 청어 또는 레베르파스테이(leverpastej, 구운 돼지 간과 돼지
비계기름을 섞어 만든 돼지 간 페이스트-옮긴이)를 얹어 오픈 샌드위치 형태로 만

드는 스뫼레브뢰(smørrebrød)를 즐겨왔다. 아마 이쯤 되면 차라리 NOMA
의 개미 요리가 더 먹음직스러워 보이기 시작할는지도 모르지만.

    덴마크의 저녁식사로 말하자면, 전통 덴마크식 요리책에는 아마
《고기와 감자의 50가지 그림자(50 Shades of Meat and Potatoes)》라는 제목을
붙이는 게 적합할지도 모른다는 점만 언급해둔다. 덴마크 사람들은 그
만큼 고기를 사랑한다. 덴마크 사람들은 1인당 연간 평균 48킬로그램의

고기를 섭취한다. 가장 사랑받는 고기는 돼지고기다.

덴마크 사람들이 고기와 달콤한 디저트, 커피를 많이 섭취하는 것은 직접적으로 휘게와 관련이 있다. 휘게는 자기 자신에게 즐거움을 선사하는 것이며 건강한 식습관이라는 의무를 잠시 내려놓는 것이다. 달콤한 디저트는 휘겔리하다. 케이크도 휘겔리하다. 커피나 핫초콜릿도 휘겔리하다. 당근은, 별로. 휘게하는 데 있어서 몸에 좋지 않은 음식을 먹는 일은 필수 불가결하다. 그러나 너무 고급스럽고 비싼 음식이어서는 안 된다. 가령 푸아그라는 휘겔리하지 않다. 그러나 푸짐하게 차린 스튜는 휘겔리하다. 팝콘도 그러하다. 특히 큰 그릇 하나에 담긴 것을 다 같이 나눠먹을 때 더욱 그렇다.

몇 년 전 친구네 집에 찾아갔을 때였다. 저녁식사를 하는 동안 당시 네 살이던 친구의 딸이 내게 "직업이 뭐예요?" 하고 물었다. "사람들을 행복하게 하는 것이 무엇인지 알아내는 게 내 직업이야." 나는 이렇게 답했다.

"그게 뭔지 전 알아요." 친구의 딸이 천연스럽게 말했다. "단것이죠." 행복에 관해서라면 그 대답은 너무 단순한 것일지 몰라도 휘게에 관해서라면 제대로 짚은 것인지도 모른다.

단것 섭취량

4.1kg
유럽인 평균

8.2kg
덴마크 사람 평균

덴마크 사람들은 곰 젤리(gummy bears), 달콤한 감초인 리코리스(liquorice), 덴마크 전통 과자 플뢰더볼(flødeboller) 등 단 음식이라면 사족을 못 쓰며 휘겔리하다고 여긴다. 실제로 유럽의 사탕 시장 보고서에 따르면, 덴마크 사람들은 1인당 연간 8.2킬로그램의 단것을 섭취하며, 이는 유럽 평균 섭취량의 두 배에 달하는 양이다. 세계 1위를 달리고 있는 핀란드 사람들에 이어 2위인데, 2018년이면 덴마크 사람들이 1인당 8.5킬로그램을 먹어치우며 세상에서 단것을 가장 좋아하는 핀란드 사람들을 앞지를 것으로 보인다. 게다가 덴마크 사람들이 사랑하는 것은 단것뿐만이 아니다. 혹시 케이크 먹을 사람?

단 것 을
먹 자

덴마크 사람들은 단연코 케이크를 가장 휘겔리한 먹을거리로 꼽으며 가장 많이 먹는다. 심지어 사무실에서도 케이크를 사다가 먹는 사람들이 많다. 나는 포커 친구인 존과 그의 단골 술집인 로드 넬슨(Lord Nelson)에서 맥주를 마시며 휘게와 덴마크 사람들의 케이크 중독에 관해 이야기를 나눈 적이 있다.

"우리는 일부러 회의실 근처를 지나가면서 혹시나 먹다 남은 케이크가 있지는 않은지 주기적으로 염탐하지. 우리는 그걸 '케이크 정찰'이라고 불러." 존이 말했다. "그리고 케이크는 내부 회의가 있을 때만 해당하는 얘기고, 만약 외부 손님이라도 올라치면 케이크 말고도 프티푸르(petits fours, 오븐에 구워 낸 한입 크기의 작은 과자─옮긴이)까지도 구할 수 있어." 케이크와 페이스트리는 그것을 먹는 일뿐만이 아니라 만드는 일도 휘겔리하다. 케이크는 회의실의 딱딱한 분위기를 누그러뜨리는 역할도 한다.

그러나 케이크는 사무실에서보다는 각 가정에서 또는 케이크 가게

에서 훨씬 더 많이 찾아볼 수 있다. 1870년에 문을 연 라 글라스(La Glace)는 덴마크에서 가장 유명한 단것을 파는 가게 중 하나다. 덴마크의 유명 작가인 한스 크리스티안 안데르센이나 카렌 블릭센(Karen Blixen) 등의 이름을 딴 케이크들을 포함해 이 가게에서 파는 모든 케이크는 꿈에서나 볼 수 있을 것 같은 환상적인 맛이 난다.

이곳에서 가장 유명한 케이크는 아마 '스포츠 케이크(sport cake)'일 것이다. 온통 생크림으로 뒤덮인 케이크라서 스포츠 챔피언들이 아침으로 먹을 만한 음식은 아니다. 스포츠 케이크라는 이름이 붙은 이유는 1891년에 연극 '스포츠 맨(Sports Man)'의 초연을 축하하기 위해 처음 만들어졌기 때문이다. 오래된 가게의 전통, 아름다운 실내 디자인, 훌륭한 케이크와 페이스트리는 코펜하겐 전역에 휘게를 전파하는 듯하다.

행복연구소는 덴마크 사람들이 휘게라는 단어에서 무엇을 연상하는지에 대해 설문조사를 실시한 적이 있다. 나는 양초가 1위일 것이라는 데 돈을 걸었는데, 그만 돈을 잃고 말았다. 양초는 2위였고, 1위는 따뜻한 음료였다.

86퍼센트의 덴마크 사람들은 휘게라는 단어에서 따뜻한 음료를 떠올렸다. 따뜻한 음료란 차일 수도 있고 핫초콜릿이나 멀드 와인일 수도 있겠지만 아마 덴마크 사람들이 가장 좋아하는 따뜻한 음료는 커피일 것이다.

덴마크 TV 드라마 '여총리 비르기트'나 '킬링'을 보면 덴마크 사람들이 커피를 얼마나 사랑하는지 알 수 있다. 드라마 속 인물들이 커피를 주문하거나, 끓이거나, 혹은 "커피 드시겠어요?" 하고 묻는 일 없이 지나가는 장면이 거의 없을 정도다. 덴마크 사람들은 세계에서 가장 많은 커피를 마시는 사람들이다. 미국 사람들보다 1인당 약 33퍼센트 더 많

은 양의 커피를 마신다.

덴마크어에는 커피와 휘게의 관련성을 뚜렷하게 보여주는 단어가 하나 있다. '커피'와 '휘게'의 합성어인 카페휘게(Kaffehygge)가 바로 그것 이다. '카페휘게하러 오세요', 카페휘게와 케이크, 체조와 카페휘게, 털 실과 카페휘게 등, 어디에서나 카페휘게라는 말을 보고 들을 수 있다. 심 지어 카페휘게를 다루는 어느 웹사이트에는 이런 문구가 게시되어 있 다. '내일은 커피가 없을 것처럼 오늘을 살아라.'

따라서 커피를 마시는 것이 확실히 휘게에 도움이 된다는 결론을 내 릴 수 있다. 손에 따뜻한 커피 잔을 쥐고 있으면 뭔가 위안이 되는 느낌 이 든다. 커피는 확실히 휘게에 도움이 된다.

휘 게 에

중 독 되 었 다 고 ?

행복은 살 수 없지만, 케이크는 살 수 있다. 그런데 행복과 케이크는 같은 것이나 마찬가지다. 적어도 우리의 뇌는 그렇게 인식한다. 어느 카페에 문을 열고 들어간다고 상상해보자. 우선 달콤한 냄새에 취할 것이고, 그 모든 페이스트리와 케이크들을 눈으로 확인하는 순간 행복함을 느낄 것이다. 이내 마음에 드는 케이크를 고른 다음 한 입 베어 물면 한층 강렬한 행복감이 온몸으로 퍼진다. 맞다, 그것은 정말 좋은 느낌이다. 하지만 어째서 단것을 먹으면 행복해지는 것일까?

　우리 뇌의 기저 전뇌(basal forebrain)에는 중격측좌핵(ucleus accumbens)이라고 불리는 것이 있다. 중격측좌핵은 대뇌 보상 회로의 일부로, 우리가 외부로부터 어떤 자극을 받고 그로 인해 쾌락을 느끼고 또 다시 그것을 갈망하게 되는 과정에 관여한다. 인간이 다른 모든 척추동물들과 마찬가지로 이 대뇌 보상 회로를 갖고 있는 이유는, 음식물 섭취와 섹스 같은 우리 종의 생존에 필수적인 활동들을 지속할 수 있기 위해서는 우리가 그로부터 쾌감을 느끼는 것이 중요하기 때문이다.

우리가 만족감을 느낄 때, 뇌에서는 어떤 화학물질이 분비되고 그로 인해 신경전달물질인 도파민이 활성화된다. 도파민은 중격측좌핵과 가까운 곳에 위치한 복측피개영역(ventral tegmental area)에서 분비되는데, 분비된 도파민은 신경섬유를 통해 뇌의 다른 부분들에 위치한 쾌감과 관련된 수용체들로 전달된다. 쾌감을 느낀 사건들에 대한 기억은 대뇌피질(cerebrum cortex)에 저장되어 우리는 그것을 잊지 않게 된다. 다소 이상하게 들릴지도 모르지만, 어떤 면에서 우리의 뇌는 중독 증상을 일으켜 우리의 생존을 돕는다고 할 수 있다.

우리가 태어나서 처음 맛보는 것은 달콤한 모유다. 이렇듯 단것을 좋아하는 것이 생존에 유리하기 때문에, 우리는 케이크나 다른 설탕이

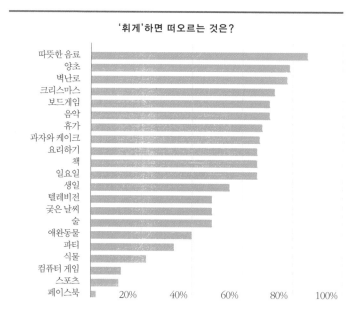

'휘게'하면 떠오르는 것은?

든 음식을 먹을 때 쾌감을 느끼고 그것들을 멀리하기가 힘든 것이다. 우리 몸은 이렇게 쾌감을 느낄 수 있는 일들을 계속 해나가도록 설계되어 있다. 지방과 소금을 계속 먹게 되는 것도 그런 이유다.

요약하자면, 우리는 특정한 종류의 음식을 먹을 때 쾌감을 느낀다. 그리고 그 쾌감이 기억에 저장되어 그 음식을 더욱더 원하게 만든다. 휘게는 좋은 기분을 느끼게 하는 것이어야 하며 실제로도 그러하다. 따라서 케이크가 먹고 싶다면, 망설이지 말고 케이크를 먹자. 그러나 동시에 우리는 적당한 때에 멈출 줄도 알아야 한다. 복통에 시달리는 것은 별로 휘겔리하지 않으니까.

휘 겔 리 한
슬 로 푸 드

지금까지 살펴보았듯 단것, 케이크, 페이스트리는 휘겔리하다. 그러나 단지 살을 찌우는 음식만이 휘게 음식인 것은 아니다. 우리에게 위안을 주는 음식만이 휘게 음식인 것이 아니라 슬로푸드도 휘게 음식이다.

어떤 음식이 얼마나 휘겔리한가 하는 것은 어느 정도 그 음식을 준비하는 과정에 달려 있다. 경험상 요리하는 데 시간이 더 오래 걸릴수록 더욱 휘겔리하다.

휘게 음식을 만드는 일은 오랜 시간이 걸리는 준비 과정 속에서 보람을 느끼는 것이다. 그것은 음식과 모종의 관계를 형성하는 일이다. 가게에서 구입한 잼보다 집에서 손수 만든 잼이 더욱 휘겔리한 것은 그런 이유에서다. 집에서 만든 잼을 먹을 때마다 집 안이 온통 딸기 냄새로 가득했던 그 옛날의 여름날로 돌아가게 되지 않던가.

나는 특히 겨울철이면 오븐이나 가스레인지에서 몇 시간씩 무언가를 굽거나 끓이며 주말 오후를 보내는 것을 좋아한다. 때로 농산물 직거

래시장에 가서 제철 채소를 고르거나 장시간 끓여야 하는 스튜에 넣을 고기에 대해 정육점 주인과 상의하느라 준비 과정은 더 길어지기도 한다. 보글보글 스튜가 끓어오르는 소리를 들으며 휘게크로그에 앉아 책을 읽는 일은 휘게의 정점이라고 할 수 있다. 자리에서 일어나야 할 일이라고는 스튜에 레드와인을 조금 더 넣어야 할 때뿐이다.

중요한 것은 최종 결과물이 아니라 그 과정이며, 그것은 전통 북유럽식 스튜 끓이기에만 해당되는 이야기는 아니다. 지난여름에 나는 레몬을 넣은 리큐어인 리몬첼로를 만들어 보았다. 우선 나는 레몬 껍질을 알코올에 담가 레몬의 맛과 껍질의 색이 알코올에 흡수될 때까지 일주일 이상 두어야 했다. 매일 퇴근 후 집에 돌아오면 나는 냉장고 문을 열

어 병 속에 든 레몬이 얼마나 잘 우려졌는지 냄새를 맡아 보곤 했다. 사실 완성된 리몬첼로는 그저 그랬지만, 그것이 완성되는 과정을 매일매일 살펴보면서 맛보는 기쁨은 내내 휘겔리했다.

'또 크리스마스야?'라고 할지도 모르겠지만, 연중 가장 특별한 날이 바로 크리스마스인 만큼, 크리스마스에 먹어야 할 음식도 특별하다. 덴마크에서 크리스마스 휘게를 조성하기 위해서는 몇 가지 전통을 견지해야 한다. '정말로' 휘겔리한 크리스마스를 위해서는 크리스마스 장식을 잘 꾸며야 하고, 제대로 된 크리스마스 음식을 먹어야 하며, 몇 가지 특별한 활동을 수행해야 한다.

그중 가장 첫째가 크리스마스 음식이다. 덴마크 음식, 특히 기름진 덴마크 음식이 필요하다. 식사요법에 관해 인터넷을 검색해보면 온갖 종류의 식사요법을 찾아볼 수 있다. 고기 또는 지방만 먹는 식사요법, 물 식사요법(음료나 국 대신 물로 매일 필요한 양의 수분을 섭취하는 것), 탄수화물을 많이 먹는 식사요법, 탄수화물을 먹지 않는 식사요법 등. 채소를 위주로 먹는 식사요법도 있고, 심지어는 햇살 식사요법(아무것도 먹지 않고 햇빛만 받으며 사는 것)도 있다. 그렇지만 덴마크 크리스마스 음식을 이용한 식사요법은 아직까지 들어본 적이 없다.

덴마크 크리스마스 음식의 주인공은 고기다. 구운 돼지고기나 오리고기, 또는 두 가지 고기를 다 먹는다. 고기는 삶은 감자, 캐러멜 소스를 얹은 삶은 감자, 뭉근히 끓인 붉은 양배추에 그레이비 소스를 얹어 먹거나, 오이 피클과 함께 먹는다. 크림소스에 끓인 양배추, 소시지, 여러 종류의 빵을 먹는 사람들도 있다.

크리스마스 성찬의 마지막을 장식하는 것은 덴마크 전통 디저트인 리살라네(risalamande, 더 고급스럽게 들리는 프랑스어 리살라망(ris à l'amande)에서 비

롯된 이름이다)다. 리살라네는 잘게 부순 아몬드와 뜨거운 체리 소스를 뿌려 먹는 라이스푸딩이다. 리살라네는 맛있을 뿐만 아니라 그것을 먹는 일도 재미있다. 왜냐하면 리살라네가 든 여러 그릇 중 하나에 통아몬드 한 알이 숨어 있기 때문이다.

리살라네를 먹는 시간이 되면 방 안에 정적이 감돈다. 모두 리살라네를 먹으며 서로의 얼굴을 살피느라 그렇다. 마치 포커 게임 중인 사람들이나 서부 영화 속에서 대결 중인 총잡이들 같다. '과연 누구의 그릇에 통아몬드가 들어 있을 것인가?' 사람들은 통아몬드를 찾은 주인공에게 선물을 하나 안겨주고 늘 운이 좋다며 한 마디씩 거든다(실제로 어떤 사람들은 매년 통아몬드를 차지하는 것 같다).

어떤 때는 대부분이 리살라네를 먹어가도록 아무도 통아몬드를 발견했다고 말하지 않기도 한다. 곧 사람들은 정적을 깨고 서로에게 꼬치꼬치 묻기 시작한다. "너 통아몬드 찾았지?", "작년에 그랬던 것처럼 말이야." 자신의 그릇 속에서 통아몬드를 찾은 사람은 그 사실을 숨기고 부정한다. 다른 사람들이 리살라네를 다 먹도록 유인하기 위해서다. 리살라네를 먹는 일은 이렇게 이상한 먹기 대회가 된다. 크리스마스 시즌에는 디저트를 먹는 일도 휘겔리해지는 것이다. 맛있을 것 같은가? 한번 맛보길 바란다. 이런 진수성찬을 1년에 한 번만 먹는다는 건 우리 몸을 위해서 다행스러운 일이다.

휘 겔 리 한
덴 마 크   음 식   3 가 지

그 사람이 누구를 슈퍼히어로로 삼고 있는지를 보면 그 사람에 대해 알수 있다는 말이 있다. 미국에는 슈퍼맨, 스파이더맨, 배트맨이 있다. 덴마크에는…. 음…. '카이만'이 있다.

카이만이 슈퍼히어로가 아닌 것은 맞다. 하지만 덴마크의 생일파티에서만큼은 미국의 영웅들만큼이나 인기를 끈다. 특히 덴마크 어린이들의 생일파티에 빠지지 않고 등장하는 것이 바로 이 카이만이다. 카이만은 사람 모양의 생강 쿠키로, 설탕과 버터를 듬뿍 넣은 반죽을 구운다음 사탕, 덴마크 국기, 양초를 얹어 완성한다. 만약 여기에 베이컨까지 넣을 수 있다면, 덴마크적인 모든 것이 한군데에 다 모이게 되는 셈일것이다. 생일을 맞은 어린이는 다른 아이들이 "생일 축하해. 이제 카이만의 목을 잘라!"라고 외치면 카이만의 목을 자른다. 참 휘겔릭한, 북유럽식 누아르 영화 같은 생일파티 아닌가?

휘겔리한 덴마크 음식의 두 번째로는 페이스트리를 꼽고 싶다. 전형적인 덴마크식 페이스트리는 데니쉬 페이스트리라는 이름을 갖고 있다. 덴마크에서는 데니쉬 페이스트리를 비네르브뢰(wienerbrød), 즉 비엔나 빵이라고 부른다. 왜냐하면 19세기 중반 오스트리아 빈에 다녀온 요리사들이 데니쉬 페이스트리 조리법을 처음 고안했기 때문이다. 일부 페이스트리는 '달팽이'라든가 '제빵사의 나쁜 시력' 같은 재미있는 이름으로 불리는데, 그 이름은 차치하더라도, 그것들은 맛있고 휘겔리하다. 덴마크 사무실에 활기를 불어넣고 싶다면, '본 크링글(Bon-kringle)!' 이라고 외치면 된다.

크링글은 전형적인 데니쉬 페이스트리이고 본은 영수증을 뜻하는데, 본 크링글이란 동네 빵집에서 케이크와 페이스트리를 1,000크로네(약 130유로, 한화로 약 16만 원)어치 산 다음 그 영수증을 모두 제시하면 공짜로 크링글을 하나 얻는 것을 말한다. 포인트 적립 카드 없이 혜택을 받는 페이스트리 적립 제도인 셈이다.

꼭 덴마크 음식이어야만 휘게한 것은 아니다. 집에서 혼자 또는 친구나 가족과 함께 손에 반죽 가루를 묻혀가며 빵을 굽는 일 또한 너무나 휘겔리하다. 갓 구운 빵 냄새보다 더 휘게에 기여하는 것도 없다.

디즈니 영화에서 막 튀어나온 것처럼 화려하게 만들 필요는 없다. 오히려 소박하면 소박할수록 더욱 휘겔리하다. 최근 덴마크 사람들 사이에서는 사워 도우(시큼한 맛이 나는 발효종-옮긴이)가 인기를 끌고 있다. 느릿느릿한 발효 과정과 '살아 있는' 균을 키우는 일이 휘겔리하기 때문이다. 일부 덴마크 사람들은 마치 자녀를 돌보듯이 사워 도우를 애지중지한다. 마치 식용 다마고치 같다.

요리 모임 만들기

몇 년 전, 나는 친구들과 정기적으로 만날 방법을 찾다가 요리 모임을 만들게 되었다. 어느 정도는 나의 일 때문에 시작된 일이라고 할 수 있는데, 왜냐하면 행복에 관한 연구를 하면서 대인관계가 좋을수록 더 행복함을 느낀다는 연구 결과를 항상 목격해왔기 때문이다. 여기서 더 나아가, 나는 이 모임을 휘게를 극대화하는 방식으로 운영하고 싶었다. 그래서 순서를 돌아가며 한 사람이 한꺼번에 대여섯 명분의 요리를 하는 대신, 늘 다함께 요리  를 하는 방식으로 모임을 운영하기로 했다. 휘게는 바로 이런 조건에서 만들어진다. 방법은 간단하다. 매번 어떤 주제나 식재료를 정해 각자 그에 맞는 재료를 준비해서 모인다. 이런 모임은 매우 간편하고 허물없으며 평등하다. 어느 누구도 손님을 접대해야 할 부담이 없고, 또 지난번의 사치스러웠던 파티의 수준에 맞추기 위해 전전긍긍할 필요도 없기 때문이다.

가장 휘겔리했던 모임은 소시지 요리를 시도했던 때였다. 우리 모두는 고기를 다지고, 피의 속을 채우고, 소시지를 끓이고 익히느라 서너 시간을 보내야 했다. 마침내 밤 10시쯤이 되자 우리는 산더미처럼 쌓인 소시지를 바라보며 흐뭇하게 자리에 앉을 수 있었다. 우리는 바이킹처럼 배가 고팠다. 그러나 결과는 처참했다. 소시지를 한 입 베어 물자 곰팡이 같은 맛이 났던 것이다. 도대체 소시지에서 결코 기대할 수 있는 맛이 아니었다. 우리 모두는 그날 밤 약간 배가 고픈 채로 잠자리에 들어야 했지만, 그날 저녁은 정말 휘겔리했다.

Hygge Recipe

그렇다면 실제로 덴마크 사람들처럼 휘게한 음식을 먹어보고자 하는 이들을 위한 '휘게 레시피' 몇 가지를 소개해보겠다. 휘게를 보장하는 이 레시피들은 부족한 재료가 있다면 그런 대로 또 새로운 휘게를 경험하게 해줄 것이다.

Hygge. hygge is a Danish word for which there is no English translation. The closest we can get is 'cosy' but **hygge** also means having a good time and fun in cosy surroundings. The concept of **hygge** is fundamental to the comfortable home and translates, in decor terms, into: a dominant fireplace and a comfy spot in all corners.

스키퍼 스튜 SKIPPER STEW, SKIBBERLABSKOVS

포만감을 주는 소박한 스튜다. 원래 선상에서 만들어지던 요리였으며('선장 스튜'라는 뜻의 요리 이름이 여기서 유래한다), 청명한 가을날에 잘 어울린다. 양지머리 대신 쓰다 남은 고기를 넣어 끓이면 더욱 소박하고 휘겔리하다.

(4–6인분, 조리 시간 – 1시간 15분)

양지머리 750g
양파 3개
버터 100g
월계수 잎 3~4장
검은 통후추 10~12알
감자 1.5kg

소금과 후추
한줌의 부추
비트루트
호밀빵
닭고기 육수 4컵 정도

1. 양지머리를 한입 크기로 깍둑썰기 한다.

2. 양파를 잘게 썬다.

3. 바닥이 두툼한 냄비에 버터를 녹인 다음 양파를 살짝 볶는다(다른 스튜처럼 양파가 갈색으로 변할 때까지 볶으면 안 된다).

4. 그 위에 고기, 월계수 잎, 통후추를 넣은 다음, 끓여둔 닭고기 육수를 냄비에 붓는다. 육수는 고기와 양파를 덮을 정도로만 자작자작하게 붓는다.

5. 냄비 뚜껑을 덮고 끓어오를 때까지(약 45분 동안) 기다린다. 감자의 껍질을 벗겨서 감자를 한입 크기로 자른다.

6. 자른 감자의 절반을 고기 위에 올려 넣은 다음 냄비 뚜껑을 다시 덮는다.

7. 15분 후, 냄비 안의 내용물을 저은 다음 나머지 절반의 감자를 넣는다. 이때 필요하다면 닭고기 육수를 조금 더 붓는다. 바닥이 타지 않도록 자주 휘저으면서 약한 불에서 15분~20분간 더 끓인다. 감자를 두 차례에 걸쳐 넣는 이유는 절반의 감자는 으깨어져 고기와 어우러지도록 하고, 나머지 절반은 고기와 섞이지 않은 조각들로 남겨두기 위해서다.

8. 소금과 후추로 간을 한 다음 버터 한 덩어리, 넉넉한 양의 부추, 비트루트, 호밀빵과 함께 따뜻하게 차려낸다.

흑맥주 돼지고기찜과 감자 샐러드

BRAISED PORK CHEEKS IN DARK BEER WITH POTATO-CELERIAC MASH

내가 좋아하는 겨울 음식 중 하나다. 돼지고기찜을 끓이는 긴 시간 동안 와
인 한 잔을 마시며 좋아하는 책을 읽으면 한층 휘겔리하다.

돼지고기찜	감자 샐러드
돼지고기 볼살 400g	감자 750g
소금과 후추	샐러리 조금
버터 15g	우유 200㎖
큼직하게 자른 샐러리 적당량	버터 25g
큼직하게 자른 당근	
큼직하게 자른 양파	
4등분 한 토마토 한 알	
흑맥주 500㎖	

돼지고기찜

1. 키친타월로 돼지고기 볼살의 물기를 제거한 다음 소금과 후추로 간한다.

2. 냄비에 버터를 넣고 불을 중불 이상으로 조절하며 노릇하게 녹인다. 그 위에 고기를 넣고 약 3~4분간 양면 모두 굽는다.

3. 샐러리, 당근, 양파를 넣고 얼마간 볶은 다음 토마토를 넣어 볶는다.

4. 맥주를 부어 넣는다. 필요하다면 물을 조금 넣어 고기와 야채들이 푹 잠기도록 한다.

5. 불을 약하게 줄인 다음, 고기가 부드러워질 때까지 약 한 시간 반 정도 끓인다.

6. 고기를 건져낸다. 남은 소스는 계속 끓여 졸인 다음 체에 걸러서 간한다.

감자 샐러드

1. 감자와 샐러리를 한입 크기로 자른다.

2. 감자와 샐러리를 부드러워질 때까지 삶은 다음, 물기를 제거한 후 으깬다.

3. 냄비에 우유를 데운다. 으깬 감자와 샐러리에 데운 우유와 버터를 섞는다. 살짝 싱겁게 간한다. 으깬 샐러리와 감자를 접시에 먼저 담고 그 위에 돼지고기찜을 올린다. 파슬리로 장식하고 소스에 찍어 먹을 빵을 곁들여낸다.

데니쉬 미트볼 커리 DANISH MEATBALLS IN CURRY, BOLLER I KARRY

덴마크 사람이라면 남녀노소 누구나 좋아하는 전통 덴마크 요리다. 생전
에 나의 어머니도 이 음식을 좋아하셨다. 어머니가 세상을 떠난 지 거의 20
년이 다 되어가지만, 나는 지금도 매년 어머니의 기일이 돌아오면 이 음식
을 만든다. 사랑하는 이가 생전에 좋아하던 음식을 만드는 것보다 더 나은
추모 방식이 또 있을까? 이것은 슬픔을 휘게로 승화할 수 있는 방식이기도
하다. 매운 음식을 잘 못 먹는다고 하더라도 걱정할 필요는 없다. 이 음식은
덴마크의 아이들도 아주 좋아할 만큼 약간만 맵다.

미트볼(4인분, 조리 시간 약 1시간 35분 (이중 1시간은 냉장고에 넣어 두는 시간))　　**커리 소스**

빵가루 1컵 또는 밀가루 1작은술	버터 2큰술
달걀 1개	순한 커리파우더 듬뿍 2큰술
잘게 썬 양파 2개	자른 양파 1개
마늘 3쪽	자른 리크 1개
간 돼지고기 2kg	밀가루 5작은술
소고기 육수 4컵	35% fat 크림 100g
	싱싱한 파슬리

1. 빵가루나 밀가루를 큰 그릇에 넣고 달걀, 양파, 마늘, 소금, 후추를 넣은 다음 잘 섞는다. 돼지고기를 넣고 다시 잘 섞은 다음 냉장고에 한 시간 동안 둔다.

2. 냉장고에 넣어 굳힌 반죽을 꺼내 숟가락으로 미트볼 모양으로 만든다. 프라이팬에 물, 소고기 육수, 미트볼을 넣고 약 5~10분간 끓인다. 미트볼을 건져낸다. 남은 국물은 그대로 둔다.

3. 냄비에 버터를 녹인 후, 커리파우더를 넣고 몇 분간 데운다.

4. 썬 양파와 리크를 넣고 마찬가지로 몇 분간 데운다. 밀가루를 넣고 잘 섞는다. 그 다음 위의 액체를 붓고 소스가 걸쭉해질 때까지 천천히 젓는다. 크림과 미트볼을 넣고 약 20분간 끓인다. 고명으로 파슬리를 올리고 원한다면 약간의 익힌 쌀과 곁들여낸다.

멀드 와인 MULLED WINE, GLøGG

글뢰그가 빠지면 진정한 12월이라고 할 수 없다. 덴마크 사람들은 친구나 가족과 함께 바에서, 또는 집에서 따뜻하고 달콤하고 매콤한 멀드 와인을 마시며 서로의 즐거운 크리스마스를 기원한다.

글뢰그 추출물	글뢰그
건포도 4줌	풀바디 레드와인 1.5리터
포트 와인 300㎖	브라운 럼 200㎖
풀바디 레드와인 1병	아크바비트 (또는 보드카) 200㎖
흑설탕 250g (굵은 설탕 알갱이가 든 시럽 형태	오렌지 1개 분량의 껍질
의 흑설탕이 좋지만 일반 흑설탕도 괜찮다)	갓 짠 오렌지 주스 200㎖
시나몬 스틱 20g	잘게 자른 아몬드 100g
올스파이스 (덩어리째) 20g	
정향 (덩어리째) 20g	
카르다몸 (덩어리째) 10g	

1. 전날, 건포도를 포트 와인에 24시간 동안 담가둔다.

2. 레드와인 한 병을 냄비에 붓고, 설탕, 시나몬, 올스파이스, 정향, 카르다몸을 넣은 다음, 끓기 직전까지 열을 가한다. 불을 끄고 식힌 다음 체로 걸러낸다.

3. 글뢰그 추출물에 레드와인, 아크바비트(또는 보드카), 오렌지 껍질, 오렌지 주스를 넣는다. 다시, 끓기 직전까지 열을 가한 다음, 건포도, 포트 와인, 아몬드를 넣는다.

스노브뢰드TWISTBREAD, SNOBRøD

NOMA에서 볼 수 있는 종류의 고급스러운 빵은 아니지만 이 빵을 만드는
과정은 휘게의 측면에서 최고 점수를 받을 만하다. 무엇보다도 아이들의
사랑을 받는다.

스노브뢰드(6조각, 조리 시간: 1시간 15분 (반죽 1시간 포함))

버터 25g

우유 250㎖

이스트 25g

설탕 2작은술

소금 1작은술

밀가루 400g

*굽는 시간은 불의 세기와 굽는 이의 인내심에 달려 있지만, 대개 10분 정도 걸린다.

1. 냄비에 버터를 녹인 후, 우유를 넣고 미지근해질 때까지 데운다. 이스트를 넣고 녹인다.

2. 위의 혼합물을 큰 그릇에 옮겨 담은 다음 나머지 재료들을 모두 넣어 반죽을 만든다(다만 소량의 밀가루를 남겨둔다). 반죽을 잘 치댄 다음 그릇 속에 다시 넣는다. 그릇을 밀봉한 후 반죽이 부풀어 오르도록 따뜻한 곳에 약 1시간 동안 둔다.

3. 반죽을 밀가루 위에 놓고 다시 잘 치댄다. 이때 아까 남겨두었던 밀가루를 더한다. 반죽을 6조각으로 나눈 다음, 각각의 조각을 약 40센티미터 길이의 가느다란 막대기 모양이 되도록 굴린다. 그런 다음 각각의 반죽을 꼬챙이에 휘감는다.

4. 장작 또는 석탄으로 피운 약한 불에 빵을 굽는다. 빵을 불에 너무 가까이 두지 않도록 주의한다. 손으로 두드렸을 때 낮게 울리는 소리가 들리거나, 꼬챙이에서 빵이 쉽게 풀려나오면 잘 구워진 것이다.

엘더플라워 레모네이드 ELDERFLOWER LEMONADE

무더운 여름의 진한 꽃향기를 어딘가 저장해두고 싶다면 역시 엘더플라워 레모네이드를 빼놓을 수 없다. 나에게는 늘 여름날의 선명한 기억들을 되 살려주는 음료다.

엘더플라워 레모네이드(2,500㎖ 분량)

엘더플라워 30송이	구연산 50g
레몬 3개	설탕 1.5kg
물 1.5리터	

1. 엘더플라워를 큰 그릇에 담는다. 5리터 정도의 액체를 수용할 수 있는 크기의 그릇이 좋다.

2. 레몬을 뜨거운 물로 씻고 얇게 썬 다음 위의 그릇에 넣는다.

3. 물을 끓인 후 구연산과 설탕을 첨가한다.

4. 엘더플라워와 레몬이 담긴 그릇에 끓인 물을 붓는다.

5. 그릇을 뚜껑으로 덮고 3일 동안 그대로 둔다.

6. 액체를 체로 걸러서 병에 담는다. 냉장고에 보관한다.

에이블스키버 *Æbleskiver*

덴마크 사람들은 전통적으로 크리스마스에 에이블스키버를 먹는다. 에이블스키버에는 글뢰그도 빠뜨리지 말고 함께 준비한다. 에이블스키버를 만들기 위해서는 특별한 팬이 필요한데, 온라인에서 주문할 수 있다.

에이블스키버(4-6인분)

달걀 3개
우유 450ml
밀가루 250g
설탕 1큰술
소금 약간

베이킹소다 약간
버터 소스 3큰술
슈가 파우더
잼

1. 달걀노른자, 우유, 밀가루, 설탕, 소금, 베이킹소다를 잘 섞는다. 반죽을 밀폐한 후 30분간 그대로 둔다.

2. 반죽이 부풀어 오르면, 달걀흰자를 충분히 휘저은 다음 반죽에 잘 섞는다.

3. 전용 팬을 달궈 각각의 움푹 팬 곳에 버터를 조금씩 넣는다. 그 위에 반죽을 4분의 3가량 채우고 중불에서 익힌다. 골고루 익도록 반죽을 수시로 뒤집는다. 다 익히는 데 보통 5~6분 정도 걸린다. 처음 뒤집을 때는 바닥이 노릇노릇해지고 윗부분의 반죽은 아직 무를 때 뒤집어야 한다. 뜨개질바늘이나 꼬챙이를 사용한다.

4. 슈가 파우더를 뿌리고 잼과 함께 먹는다.

매달 휘게를 즐기는 방법

휘게를 1년 내내 즐길 수 있는 다양한 방법들을 소개한다.

1월: 영화 감상

1월은 친구나 가족과 함께 영화를 감상하면서 편안한 밤을 보내기에 완벽한 때다. 먼저, 각자 간단한 먹을거리를 준비해온다. 영화를 고를 때는 구성원 모두가 이미 다 본 오래된 영화를 하나 고른다. 그러면 영화를 보는 도중에 조금 이야기를 나누더라도 크게 상관이 없어서 좋다.

해당 영화의 플롯을 최대한 짧게 설명해보는 놀이를 하면 더욱 재미있다. 가령 〈반지의 제왕〉은 '한 무리의 사람들이 보석을 되돌려 놓기 위해서 9시간을 보내는 이야기'로, 〈포레스트 검프〉는 '약물 중독 소녀가 정신 장애가 있는 소년을 수십 년간 이용하는 이야기'로 요약해볼 수 있을 것이다.

2월: 스키 여행

2월에는 친구나 가족과 함께 스키 여행을 계획해보자. 물론 산에서 바라보는 경치는 대단히 아름답고, 슬로프를 달리는 일은 신나는 일이며, 공기도 맑다. 그러나 스키 여행의 백미는 휘게다. 피곤해진 몸을 이끌고 숙소로 돌아와 헝클어진 머리카락을 하고 우스꽝스러운 모직 양말을 신은 채 조용히 커피를 마시며 쉬는 그 때, 휘게라는 마법이 일어난다. 오렌지 향이 나는 코냑인 그랑마니에르를 잊지 말고 챙기자!

3월: 문화의 달 Theme month

여름휴가 때 가족과 함께 해외여행을 가기로 했다면, 그에 앞서 휘게를 즐기는 방법이 있다. 예를 들어 만약 스페인에 갈 예정이라면, 3월 한 달 동안 스페인에 대해 탐색하는 시간을 갖는 것이다. 여기서 '탐색한다'라는 것은 스페인 영화를 보거나, 스페인 요리인 타파스를 만들어 보거나, 만약 자녀가 있다면 자녀와 함께 의자, 탁자, 접시에 스페인어 단어 sillas(의자), mesa(탁자), platos(접시)가 적힌 포스트잇을 붙이며 스페인어를 익혀보는 것을 말한다. 만약 해외여행 계획이 없다면, 사진첩을 펼쳐 예전에 가본 적이 있는 나라나 앞으로 가보고 싶은 나라를 골라서 탐색할 수 있다. 그 나라에 갈 수가 없다면 거꾸로 그 나라를 집안으로 불러들이는 것이다.

4월: 하이킹과 모닥불 요리 Hiking and cooking over an open fire

4월은 하이킹이나 캠핑을 하러 떠나거나, 카누를 타기에 아주 좋은 시기다. 아직 날씨가 약간 쌀쌀할 수도 있지만 말이다(그러니 모직 양말을 잊지 말고 챙기자). 4월은 아직 모기가 많지 않다는 장점이 있다. 나처럼 도시에 사는 사람이라면 하이킹을 떠난 후 처음 몇 시간은 와이파이가 없는 상황에 대해 벌벌 떨 수도 있지만, 일단 그에 대한 두려움을 극복하고 나면, 심장박동 수가 진정되고 스트레스가 날아가는 것을 느낄 수 있다. 하이킹은 느리고 소박하며 사람들과 서로 유대감을 느끼게 한다는 점에서 휘게의 부활절 달걀과도 같은 것이다. 나뭇가지를 모아 불을 지피고 음식이 불 위에서 천천히 익어가는 것을 지켜본 다음 식후에는 별빛 아래서 위스키를 마신다.

부활절에 야외에 나간다면 아이들을 위해 초콜릿으로 만들어진 부활절 달걀을 준비해가자.

5월: 주말 통나무집

해가 점점 길어지기 시작하는 5월은 시골 지역으로 떠나기 시작할 시기다. 친구 중 한 명이 통나무집을 소유하고 있다면 그리로 갈 수도 있고, 아니면 저렴한 가격에 빌릴 수 있는 곳을 찾아본다. 소박한 곳일수록 더욱 휘겔리하다. 벽난로가 있다면 금상첨화다. 비가 내리는 날씨에 대비해 보드게임을 잊지 말고 가져가자. 5월은 그 해 최초의 바비큐 파티를 열 수 있는 시기다. 여름에는 그릴 앞에 서서 맥주를 마시는 게 최고다.

6월: 엘더플라워 코디얼과 하지(夏至)

6월 초는 엘더플라워를 따서 코디얼이나 레모네이드를 만들기에 가장 좋은 시기다. 여름에 차갑게 마시든 겨울에 따뜻하게 마시든, 엘더플라워에서는 여름의 냄새를 느낄 수 있다. 엘더플라워를 마실 때뿐만이 아니다. 엘더플라워 코디얼을 만들기 위해서는 엘더플라워 꽃잎과 레몬을 24시간 동안 냄비에 두어야 하는데, 이때 집안 전체가 여름의 냄새로 가득 차게 된다. 나는 이 냄새를 맡을 때마다 어린 시절의 여름날을 떠올린다.

덴마크 사람들은 성 요한 세례자 탄생 대축일 전야(St John's Eve)인 6월 23일의 하지(夏至)를 축하한다. 성 요한 세례자 탄생 대축일은 내가 좋아하는 행사기도 하다. 덴마크의 6월은 밤 11시까지도 환하고 그 이후에도 완전히 깜깜해지지 않는다. 마침내 해가 지면 사람들은 내일부터는 해가 점점 짧아져서 어둠이 점점 길어지기 시작할 것을 아쉬워한다. 이날 저녁은 소풍하기에 알맞다. 친구나 가족을 불러서 모닥불을 피워보자. 해가 길기 때문에 모닥불을 늦게 지피게 되므로, 만약 아이들을 동반한다면 그 사이에 지루해하지 않도록 숟가락 위에 달걀 얹고 달리기(egg-and-spoon race) 등의 놀이를 하면 좋다.

7월: 여름 소풍

7월이면 많은 덴마크 사람들이 집 밖으로 나와 자연을 즐긴다. 날씨는 따뜻하고 해는 여전히 길어서 바닷가나 공원에서 소풍하기에 딱 좋다. 어딜 가든 상관없다. 도심을 벗어나는 것이 관건이다. 가족이나 친구, 또는 이제 막 동네에 이사를 온 사람들을 초대해서 함께 소풍을 가자. 모두가 음식 한두 가지를 가지고 와서 함께 나누어 먹자. 이러한 포트럭(pot-luck) 형태의 식사는 더 휘겔리하게 마련인데, 그 이유는 모두가 평등하게 식사를 즐길 수 있기 때문이다. 음식뿐만이 아니라 그것을 준비하고 뒤처리하는 일까지 함께 공유하니 평등할 수밖에 없다.

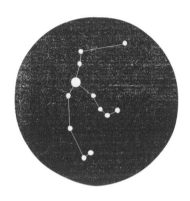

8월: 페르세우스 유성우

8월이 되면 담요를 챙겨서 별을 보러 나가자. 8월은 해가 긴 편이라 별을 관측하기에 가장 좋은 시기라고 할 수는 없지만, 페르세우스 유성우는 8월 중순에 관측되며 특히 보통 약 11일부터 13 일 사이에 가장 활발해진다. 북동쪽 하늘에 있는 페르세우스 별자리를 찾아보자. 페르세우스의 동쪽에는 안드로메다가 있고 북쪽에는 카시오페아가 있다. 만약 자녀가 있다면 유성이 떨어지기를 기다리는 동안 그리스 신화 이야기가 담긴 책을 가지고 가서 읽어주자.

남반구에 사는 사람들은 물병자리 에타 유성우(Eta Aquarids meteor shower)를 볼 수 있다. 대개 4월 말에서 5월 중순 사이가 극대기다.

9월: 버섯 따기

버섯은 주로 가을에 많이 나지만 늦여름부터도 볼 수 있다. 직접 길러서 수확하거나 채집해서 먹는 음식은 정말 맛있기도 하지만 또 휘겔리하기도 하다. 가족이나 친구들과 함께 버섯을 따러 숲으로 가보자.

어떤 종류의 버섯은 독이 있어 위험할 수도 있으니 반드시 버섯에 대해 잘 아는 사람을 대동하도록 하자. 지역사회에서 운영하는 단체 투어에 참가하는 것도 한 방법이다.

10월: 밤

10월은 밤의 계절이다. 자녀가 있다면 밖에 나가 밤을 줍고 그걸로 여러 가지 동물 모양 장난감을 만들어보면 재미있다.

어른들은 군밤으로 더욱 휘게한 가을을 즐길 수 있다. 밤 껍질에 십자가 모양으로 칼자국을 낸 다음 오븐에서 200도 온도로 약 30분 정도 구우면 껍질이 벌어지고 부드러운 속이 드러난다. 단단한 껍질을 벗겨내고 약간의 버터와 소금으로 간을 해서 먹으면 휘겔리하다.

혼자서 휘겔리한 시간을 즐기고 싶다면, 귤과 군밤을 옆에 놓고 헤밍웨이의《파리는 날마다 축제(A Moveable Feast)》라는 책을 읽어보자. 이 책은 헤밍웨이가 무일푼 작가이던 시절인 1920년대의 파리를 배경으로 한다.

11월: 수프 만들기 경연 대회

겨울이 다가오는 11월은 새로운 수프 조리법을 연구해야 할 시기다. 가족이나 친구를 초대해 수프 만들기 경연 대회를 열어보자. 각자 준비해온 수프 재료들로 한 사람씩 돌아가면서 수프를 만들면 자리에 있는 사람들 모두가 서로 다른 수프를 조금씩 맛볼 수 있다. 나는 이때 호박 생강 수프를 즐겨 만든다. 프랑스 유제품인 크렘 프레쉬(crème fraîche)를 약간 넣으면 정말 맛있다. 주인으로서 뭔가를 추가로 더 만들고 싶다면 직접 빵을 굽는 것도 좋다. 갓 구운 빵 냄새는 정말로 휘겔리하다.

12월: 글뢰그와 에이블스키버

12월은 휘게가 절정을 이루는 크리스마스 시기다. 양초와 케이크의 판매량이 급증하고, 그에 따라 체질량 지수도 상승한다. 이때는 또한 글뢰그가 한철을 만나는 때이기도 하다. 건포도를 포트와인에 일찌감치 담가두었다가 친구와 가족을 초대해 글뢰그와 에이블스키버를 즐겨보자.

맺 으 며

휘게는
매일의 작은 친절과 기쁨 속에 있다

나는 행복에 대해 연구해왔다. 그리고 매일 이 한 가지 질문에 대한 답을 찾으려고 노력한다. 왜 어떤 사람들은 다른 사람들보다 더 행복한 것일까?

뮤지션들은 악보를 볼 때 머릿속에서 멜로디가 흐르는 경험을 한다고 한다. 행복에 관한 데이터를 볼 때 나도 비슷한 경험을 한다. 나는 행복한 삶들이 다른 인생을 다독거리는 듯한 소리를 듣는다.

그러나 행복을 측정할 수 있다는 발상에 대해 회의적인 사람들도 많다. 그들은 행복이 무엇인가에 대해 사람마다 다른 관점을 갖고 있기 때문에 행복을 측정한다는 것은 불가능한 일이라고 주장한다. 우리는 '행복'이 매우 포괄적인 용어라는 것을 인정한다. 그래서 우리는 행복이라는 개념을 매우 세세한 부분으로 쪼개어 분석하고자 했다. 행복이나 삶의 질을 측정하고자 할 때는 적어도 세 가지 측면을 살펴보아야 한다.

첫째, 삶의 만족도를 살펴본다. 사람들에게 전반적으로 자신의 삶에 얼마나 만족하는지를 묻는 것이다. 또는 자신이 행복을 느끼는 정도를 0부터 10까지 점수를 매기도록 한다. 자신의 삶을 한 발짝 물러나 바라보면서 객관적으로 평가하도록 하는 것이다. 또한 자신이 누릴 수 있었을지도 모르는 최선의 삶은 어떤 모습인지, 그리고 자신이 자칫 처할 수도 있었던 최악의 삶은 어떤 모습인지 질문한다. 즉 현재 자신의 위치에 대해 평가하도록 하는 것이다. 이 부분에서 덴마크 사람들은 전 세계에서 가장 높은 점수를 기록한다.

둘째, 감정과 감각을 살펴본다. 사람들이 평소에 어떤 감정이나 감각적 쾌락을 느끼는지 살펴보는 것이다. 우리는 사람들에게 바로 전날 어떤 감정을 느꼈는지 질문한다. 화가 났는가? 슬펐는가? 외로웠는가? 웃었는가? 행복했는가? 사랑받고 있다고 느꼈는가?

셋째, 행복주의적(eudaimonia) 측면을 살펴본다. 행복이라는 뜻의 고대 그리스어 '에우다이모니아(eudaimonia)'는 아리스토텔레스가 행복에 대해 정의를 내릴 때 사용한 단어다. 아리스토텔레스에게 좋은 삶이란 의미 있는 삶을 뜻했다. 따라서 우리는 사람들에게 목적의식을 갖고 있는지에 대해 묻는다.

가장 이상적인 연구 방법은 최소 10년 동안 1만 명 이상의 사람들의 삶을 추적하는 것이다. 물론 스토커처럼 뒤쫓는 것이 아니라 과학적인 방식으로 말이다. 그 기간 동안 승진을 하는 사람들도 있을 것이고 직장을 잃는 사람들도 있을 것이며 또 누군가는 결혼을 할 것이다. 우리가 던지는 질문은 다음과 같다. 삶에서 일어나는 이러한 다양한 변화들은 행복의 세 가지 측면에 어떤 영향을 끼치는가?

당신은 전반적으로 행복한가? 현재 삶에 어느 정도 만족하는가? 이런 질문은 전 세계에서 셀 수 없을 만큼 많이 던져지고 답해졌으므로,

이제 우리는 그 데이터의 패턴을 찾아보면 된다. 덴마크 출신이든, 미국이나 영국, 중국, 또는 인도 출신이든 상관없이 행복한 사람들의 공통점은 무엇일까? 소득 증대라든가 결혼이 행복에 평균적으로 어떤 영향을 끼치는가? 행복의 공통분모는 무엇인가?

건강을 연구하는 사람들은 100세까지 사는 사람들의 공통분모를 찾는 연구를 수행해왔다. 이런 연구 결과들 덕분에 우리는 알코올과 담배, 운동, 식습관이 수명에 큰 영향을 끼친다는 것을 알게 되었다. 행복에 영향을 끼치는 것이 무엇인지 알기 위해서 우리도 같은 방법을 사용한다.

행복은 주관적인 것이라고 주장하는 사람도 있을 것이다. 맞다. 물론 그러할 것이다. 다만 내가 관심을 기울이는 부분은 사람들이 자신의 삶에 대해 스스로 어떻게 느끼느냐 하는 것이다. 자신이 행복한지 아닌지에 대해서는 자기 자신이 가장 잘 알 것이다. 그렇다, 주관적인 것을 측정하는 일은 매우 어려운 일이다. 그렇다고 불가능한 것은 아니다. 우리는 매우 주관적인 현상인 스트레스나 불안감, 우울증 역시 측정하지 않는가.

결국 가장 중요한 것은 한 개인으로서의 우리가 스스로의 삶을 어떻게 받아들이고 인식하느냐 하는 것이다. 나는 행복이 과학적으로 연구될 수 없는 것이라는 그 어떤 설득력 있는 주장도 아직 들어보지 못했다. 우리에게 맞닥뜨린 가장 중요한 문제를 이해하기 위해 노력을 마다해야 할 이유가 어디에 있을까?

따라서 우리는 삶의 만족도, 감정이나 감각적 행복, 목적의식을 추구하는 것이 무엇인지 이해하려고 노력했다. 이 세 가지 측면은 물론 서로 관련이 있다. 긍정적인 감정을 느끼며 하루하루를 보내는 사람이라

면 삶의 만족도가 훨씬 높을 가능성이 높다. 그러나 행복의 두 번째 측면인 감정 또는 감각적 행복은 훨씬 기복이 심하다. 여기서 주말 효과를 관측할 수 있다. 사람들은 평일보다 주말에 더 긍정적인 감정을 느낀다. 이는 우리가 주말에 긍정적인 감정을 불러일으키는 활동을 할 가능성이 더 높기 때문에 그리 놀라운 일은 아니다. 행복의 세 가지 측면들은 서로 생물학적으로 연관되어 있기도 하다. 가령, 감각적 쾌락과 관련된 뇌의 기제는 목적의식과 관련된 경험을 할 때도 활성화된다.

다시 휘게와 행복에 관한 주제로 돌아가자면, 최근 몇 년간 발표된 연구 결과 중 가장 흥미로웠던 것은 부정적인 감정이 없는 상태보다 긍정적인 감정을 경험하는 것이 삶의 만족도 측면에서 행복에 더 큰 영향을 끼친다는 연구 결과였다(《세계행복보고서》에 따르면 둘 다 중요하긴 하지만).

이 책을 쓰면서 나는 휘게가 매일의 행복을 느낄 수 있게 돕는다는 것을 깨닫게 되었다. 휘게는 행복을 계획하고 추억하기 위한 도구가 되어준다. 휘게를 추구한다는 것은 휘게를 매일 조금씩 경험하기 위한 언어, 목표, 방법을 설정하는 것과도 같다. 휘게는 춥고 비오는 1월의 어느 날 힘든 하루 일과를 마치고 집으로 돌아왔을 때 느끼는 행복과 가장 가까울 것이다.

그리고 인정하자. 우리의 삶은 추운 1월만이 아니라 매일매일 계속된다. 1년에 한 번, 또는 운이 좋으면 몇 번 더, 우리는 어느 이국적인 나라의 해변에서 휘게와 행복 모두를 느낄 수도 있을 것이다. 그러나 휘게는 조금 더 나아가 매일의 최선을 경험하는 것이다. 벤자민 프랭클린 (Benjamin Franklin)이 이를 가장 잘 표현했다. "행복은 어쩌다 한 번 일어나는 커다란 행운이 아니라 매일 발생하는 작은 친절이나 기쁨 속에 있다."

행복연구소 연구자들, 요한, 펠리시아, 마이클, 키아르탄에게 감사의 인사를 전한다. 그들의 도움이 아니었더라면 이 책 작업은 전혀 휘겔리하지 못했을 것이다. 이제 나는 이 글을 마무리하고 아버지와 아내를 만나러 가려 한다. 아주 맛있는 케이크를 사갈까 싶다.

라 글라스, 2016년 6월

덴마크 행복의 원천

휘게 라이프, 편안하게 함께 따뜻하게

초판 1쇄 발행 2016년 10월 24일 **초판 17쇄 발행** 2023년 1월 31일

지은이 마이크 비킹
옮긴이 정여진
펴낸이 이승현

출판2 본부장 박태근
W&G1 팀장 류혜정
디자인 강경신

펴낸곳 (주)위즈덤하우스 **출판등록** 2000년 5월 23일 제13-1071호
주소 서울특별시 마포구 양화로 19 합정오피스빌딩 17층
전화 02) 2179-5600 **홈페이지** www.wisdomhouse.co.kr

ISBN 978-89-6086-989-9 [03320]